Misiones imposibles

José Luis Caballero

Misiones imposibles

Índice

Prólogo

Entre los años 218 a 201 antes de Cristo tuvo lugar la que se llamó la Segunda Guerra Púnica, el enfrentamiento entre la República Romana y la ciudad de Cartago que se desarrolló en una larga campaña desde las costas del sur de Hispania hasta el corazón de la península italiana poniendo en peligro la supervivencia de Roma y su naciente imperio. Desde el punto de vista militar fue una campaña brillante en su planteamiento y su ejecución habida cuenta de las fuerzas enfrentadas, pero probablemente su objetivo final no estuvo a la altura del resto. Lo que sí es cierto es que esa guerra, estratégicamente, era de gran simplicidad: transportar un gran ejército hasta el norte de la península italiana y cercar y bloquear a Roma privándola de su entorno y sus aliados. Las grandes batallas conocidas, Tesino, Trebia, Trasimeno y la importantísima Cannas fueron sólo una parte dentro de la estrategia general que incluyó muchos más enfrentamientos menores. No hubo más que un escenario, un «frente» desde Tarraco pasando por los Pirineos, la Galia, los Alpes y las llanuras centrales de Italia y dos enemigos enfrentados con sendos mandos centralizados, Aníbal en el lado cartaginés y los sucesivos cónsules en el lado romano.

Dos mil años después, la Segunda Guerra Mundial plantea un escenario y una estrategia completamente diferente. De entrada varios frentes, luego varios contendientes más o menos aliados amén de supuestos «neutrales», estrategias a veces enfrentadas, un desarrollo veloz de los acontecimientos que obligan a cambiar objetivos y estrategias, armas que decantan las decisiones en uno u otro sentido y tácticas en las que el movimiento y la toma rápida de decisiones son fundamentales.

La Segunda Guerra Mundial se inicia en la frontera oriental de
Alemania, pero no hay que olvidar la existencia de la importantísima
Guerra Civil española inmediatamente anterior o la invasión japonesa de China o la italiana de Abisinia. En 1940, un año después del
estallido, se abre otro frente en occidente, Bélgica, Holanda, Francia
y otro más en el norte, Dinamarca, Noruega y otro en el sur con la
intervención italiana en Francia y Grecia y el caos que se desata en
el centro de Europa. Y desde luego 1941 con la apertura de varios
frentes en Extremo Oriente y la Operación Barbarroja que lleva la
guerra al antiguo y extensísimo Imperio ruso. En esas condiciones,
los Estados Mayores diseñan una y otra vez operaciones, acciones
combinadas, proyectos, objetivos y en definitiva un maremágnum de
decisiones que van desde la lógica y la eficacia militar al absurdo que
parece ideado por los Hermanos Marx.

Misiones Imposibles trata básicamente de relatar todos aquellos
proyectos que, por una u otra razón parecerían imposibles, unos que
nunca se llevaron a cabo, algunas veces por puro absurdo, otras porque la guerra iba más rápida que la mente de sus diseñadores, algunas por mala suerte y otras por buena suerte. Otros que sí se llevaron
a cabo en contra de toda lógica. En algunas de ellas hay planes muy
elaborados, hombres y medios implicados, pero en gran parte apenas
si existen datos o documentos por varias razones, algunas de peso,
como podría ser la Operación Impensable (el nombre ya lo indicaba).
Algunas, como la Operación Amerika, se desestimaron por cuestiones tecnológicas, otras por fallos increíbles como la Operación Zeppelin y otras por pura lógica como la Operación Panamá, mientras
otras, como la Operación Roble, acabaron bien cuando todo parecía indicar lo contrario. Bombardeos, asesinatos, secuestros, grandes
desembarcos, paracaidistas, la imaginación a la hora de decantar la
guerra hacia un lado u otro no tenía límites y en la mayor parte de
los casos el asunto se dilucidaba entre las mentes más preclaras o
simplemente por el curso de los acontecimientos. De un modo u otro
Misiones Imposibles.

1.

Por tierra

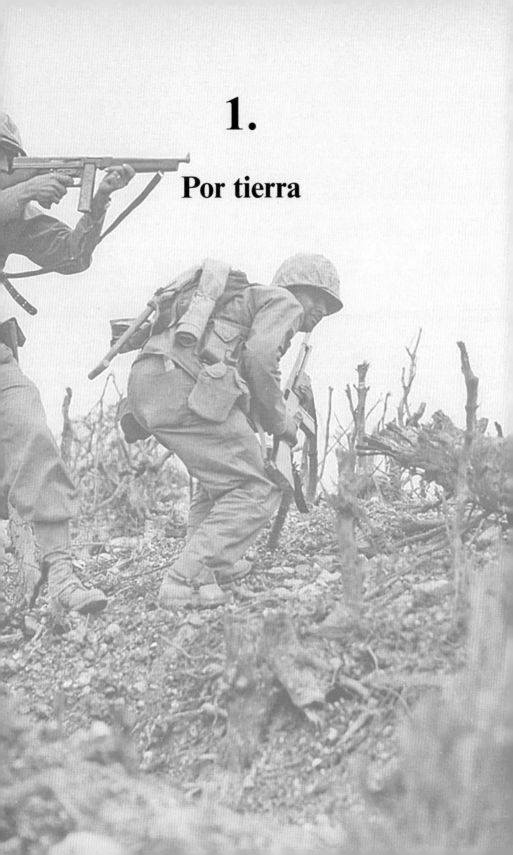

La Línea Maginot y la batalla de Francia

Cuando se habla de Misiones Imposibles en la Segunda Guerra Mundial no se puede dejar de lado a la Línea Maginot, la «inexpugnable» barrera que debía detener cualquier invasión alemana del territorio francés. Si la misión encomendada al Ejército francés era la de detener a los alemanes está claro que se trató de una misión imposible.

La historia de la Línea Maginot se inició nada más terminar la Primera Guerra Mundial cuando Francia se rehacía de cuatro años de cruenta guerra, pero era obvio que la derrota de Alemania no significaba, ni mucho menos, la desaparición del «peligro alemán». Desde tiempo inmemorial, la frontera entre la tierra de los galos y la de los germanos había sido siempre lugar de enfrentamiento y para el Gobierno francés de 1918 nada había cambiado. Así pues, el ministro de Defensa André Maginot, promovió en 1922 la construcción de un auténtico muro de contención que defendiera Francia de los germanos. El objetivo planteado por Maginot era economizar efectivos del Ejército y tapar los huecos que habían permitido a las fuerzas de tierra alemanas entrar en territorio francés, además de frenar teóricamente un primer ataque y con ello dar posibilidades de contraataque a las fuerzas francesas, pero sobre todo la idea era disuadir a los alemanes de un ataque por sorpresa.

La línea se construyó básicamente desde la localidad de Dunkerque en el canal de La Mancha hasta la de Bale en la frontera suiza, cubriendo principalmente la frontera alemana, entre Suiza y Luxemburgo, pero con ramificaciones importantes por el norte, en la frontera belga y por el sur en la italiana. De hecho, hay controversias sobre si llamar Línea Maginot a toda la longitud, unos 730 kilómetros, o únicamente al tramo fronterizo con Alemania. Aunque estaba concebida como una «línea», en la práctica se trataba de un complejo que podía llegar a tener casi treinta kilómetros de profundidad, cuya primera línea eran las fuertes, imponentes defensas de hormigón de dos clases, pequeñas y grandes, éstas últimas dotadas de obuses y cañones de 75 y 135 milímetros. Los fuertes pequeños eran refugios para infantería con armamento ligero. La mayor parte estaban conectados por túneles y rodeados de cinturones con alambradas y obstáculos antitanques. Entre los fuertes, separados unos quince kilómetros unos de otros, se construyeron bunkers mitad exteriores y mitad subterráneos, dotados de ametralladoras pesadas y obuses anticarro. Toda la longitud de la línea estaba además cubierta por refugios para infantería y pozos de tiro para francotiradores y vigías. La construcción, iniciada en los años veinte, se consideró terminada en 1936 y en los últimos años se fueron añadiendo fortifi-

Una de las casamatas de la Línea Maginot.

caciones secundarias y refugios. En total, el coste de la obra se llevó más del 60% de los recursos asignados a las Fuerzas Armadas, algo que repercutió obviamente en el escaso desarrollo de los carros de combate y la aviación, las armas que marcarían la tendencia de la Segunda Guerra Mundial.

Blitzkrieg, *la batalla de Francia*

La estrategia del alto mando del Ejército francés, dirigido por el anciano general Maurice Gamelin, no fue sino una continuación de la guerra de trincheras de la Primera Guerra Mundial para lo que había trabajado conjuntamente con Maginot en la línea defensiva. El planteamiento era evitar que los alemanes entraran en Francia y que se vieran obligados a luchar en el territorio de los Países Bajos y Bélgica, a tiro de la flota británica, y con un terreno más reducido para hacer eficaz la defensa. La estrategia francesa, anticuada y sin imaginación, tuvo dos problemas desde un principio, la extraordinaria movilidad del contingente alemán y la declaración de neutralidad de Bélgica que impedía el despliegue de fuerzas francesas en su territorio, algo que Alemania no respetó desde luego.

El día 10 de junio de 1940, tropas alemanas se lanzaron sobre Bélgica, Holanda y Luxemburgo utilizando a unidades de paracaidistas, bombardeos de precisión y el rápido avance de unidades acorazadas. El Ejército alemán, dirigido por dos generales con ideas modernas y de gran eficacia, Karl Rudolf Gerd von Rundstedt y Erich von Manstein, rodeó la Línea Maginot cruzando por el bosque de las Ardenas, que había sido considerado impenetrable, y consiguió hacer a aquella línea defensiva totalmente inútil. El primitivo plan de ataque, como relata el general Von Manstein en sus memorias, no era sino una repetición, diseñada por Hitler y su Estado Mayor, de lo que se llamaba el plan Shclieffen de 1914, en realidad siguiendo la misma idea estática que seguían los estrategas franceses. Finalmente ganaron las tesis mucho más modernas de Von Manstein y Von Runstedt y la utilización de los carros de combate, dirigidos por el joven y brillante general Heinz Guderian avanzaron rápidamente a través de las Ardenas sobrepasando la Línea Maginot. La apuesta francesa por aquella inexpugnable barrera había fracasado.

Los protagonistas

Si hubo protagonistas del fracaso de la Línea Maginot, éstos fueron sin duda Andrè Maginot, ministro de la Guerra e impulsor de la idea, Joseph Joffre, defensor a ultranza de la anticuada guerra de trincheras y el mariscal Philippe Pétain, ministro de la guerra durante unos meses en 1934. Los tres, combatientes en la Primera Guerra Mundial, abogaban por una guerra defensiva, atrincherados contra el enemigo alemán y despreciaron las nuevas ideas de movilidad y ataque de-

fendidas por jóvenes generales como De Gaulle y Reynaud. André
Maginot, nacido en París en 1877, abogado, se había dedicado a la
política desde muy joven y era subsecretario en el Ministerio de la
Guerra al estallar el conflicto en 1914. Se alistó nada más estallar la
guerra y fue herido en campaña el día 9 de noviembre de ese mismo
año por lo que recibió la Legión de Honor. En 1922 fue nombrado
ministro de la Guerra y volcó su preocupación en una defensa obsesi-
va contra Alemania, pero no optó por la modernización del Ejército

Tropas francesas marchando sobre una colina
sembrada de hierba en Rochonvillers,
sector de la línea Maginot. Octubre de 1938.

y el desarrollo de los blindados o la aviación, sino que impuso la idea de la línea de defensa a lo largo de la frontera alemana.

Totalmente de acuerdo con sus planteamientos estaba la plana mayor de la Defensa francesa, en especial el general Joseph Joffre que había sido comandante general del Ejército francés entre 1911 y 1926. Joffre había nacido en 1852 en Rivesaltes, en el Rosellón, y en 1870 ingresó en la Academia Militar para participar inmediatamente en la guerra franco-prusiana de ese año. Tras un paso por las colonias fue nombrado Comandante General del Ejército, en 1911. Al mando de las fuerzas francesas consiguió detener la invasión alemana en el Marne y fue allí, ante la estrategia alemana, el Plan Schlieffen, que se convenció de que la única manera de detener las invasiones desde el Este era una línea de defensa inexpugnable. Tras la batalla de Verdún cedió el mando al general Nivelle y falleció en 1931 después de declararse absolutamente partidario de la Línea Maginot.

El tercer personaje comprometido con aquella estrategia fue el mariscal Pétain, quien a la postre se convertiría en aliado de la Alemania de Hitler. Pétain era natural de Cauchy-à-la-Tour, en el paso de Calais, donde nació en abril de 1846. Militar de tradición, se distinguió en la Primera Guerra Mundial, luchando primero en Bélgica y logrando la gran victoria de Verdún, lo que le valió un gran prestigio. Siempre preocupado por preservar lo más posible a sus soldados, se enfrentó con el general Nivelle y desde su puesto de jefe del Estado Mayor consiguió que éste fuera destituido y pasar él a dirigir el Ejército. Entre febrero y diciembre de 1934 fue Ministro de la Guerra y en aquellos años se mostró también partidario de la Línea Maginot, apoyando el proyecto y los planteamientos de Joffre. Aunque dirigió la lucha contra la invasión alemana en 1940, tras la derrota firmó el armisticio y se avino a dirigir la Francia no ocupada, la de Vichy, en colaboración con el régimen nazi por lo que finalizada la guerra fue juzgado por traición por un Tribunal francés que le condenó a muerte, aunque posteriormente la pena le fue conmutada por la de cadena perpetua. Salió de la cárcel, ya con su salud muy deteriorada, en julio de 1951y falleció pocos días después.

Batalla del Sutjeska. Operación Schwarz

El día 26 de febrero de 1947, con las primeras luces del alba como mandan las ordenanzas, un pelotón de fusilamiento de soldados yugoslavos formó frente a un muro del patio de la prisión Central de Belgrado. Poco después apareció en el patio un hombre, con el uniforme de la Luftwaffe, de aspecto envejecido, aunque aún conservaba cierto porte y se esforzaba en mantener presencia. El hombre que iba a ser fusilado inmediatamente, cumpliendo la sentencia del Tribunal que le había condenado por Crímenes de Guerra, era el general de la Luftwaffe, Alexander Löhr, el hombre que había dirigido el terrible bombardeo sobre Belgrado, sin previa declaración de guerra, entre los días 4 y 12 de abril de 1941 y que había provocado más de 17.000 muertos y desaparecidos y la destrucción parcial de la ciudad. Pero en las acusaciones contra Löhr que le habían llevado hasta el paredón figuraba algo más, algo que pasó parcialmente desapercibido debido a la gravedad del bombardeo de Belgrado. Esa algo era su actuación al frente de las fuerzas del Eje encargadas de la Operación Schwarz y que se saldó con un fracaso para la Wehrmacht y el asesinato de más de 2.000 heridos y prisioneros de guerra desarmados y sin posibilidad de defenderse.

Entre el 15 de mayo y el 18 de junio de 1943, tuvo lugar en el territorio de la antigua Yugoslavia una crucial batalla que marcó un antes y un después en la guerra en aquel territorio. Aunque en lo que se refiere al resultado final se ha considerado siempre que hubo «tablas» y que ninguno de los dos bandos, los partisanos yugoslavos y las fuerzas del Eje, logaron una victoria clara, desde el punto de vista estratégico se trató indudablemente de una de esas misiones «imposibles» pues el objetivo, liquidar la resistencia yugoslava y a su máximo dirigente Yosif «Broz» Tito, no se consiguió y la Resistencia se recuperó rápidamente de sus pérdidas, algo que el Ejército alemán no pudo hacer. De hecho, los altos responsables de la puesta en práctica de la operación se vieron obligados por las órdenes del Cuartel General pues en el intento de controlar los Balcanes, Yugoslavia principalmente, había casi un millón de soldados de las potencias del Eje para

Soldados de la 2ª División Proletaria moviéndose por Zelengora,
durante la Batalla de Sutjeska. Junio de 1943.

controlar a la guerrilla de Tito. El plan de ataque conocido como
Operación Schwarz fue minuciosamente planeado en el Cuartel General alemán en Zagreb al mando del general Rudolf Lüters, pero el
mando directo de la operación sobre el terreno correspondió al general Alexander Löhr. Löhr era un personaje totalmente entregado a
la ideología nazi y compartía con Adolf Hitler la evidente necesidad
de liberar a unas fuerzas que eran necesarias en otros frentes para lo
que era imprescindible terminar con la guerrilla yugoslava y además
con su líder, el ya legendario Tito. Convencido de la superioridad
de la cultura y la «raza» alemana, para Löhr la lucha era entra dos
pueblos, el alemán y el yugoslavo-serbio-eslavo y no entre ejércitos o
soldados, por lo que consideraba objetivo de sus acciones igual a la
población civil que a las fuerzas combatientes.

El plan

La operación Schwarz contaba con una imponente fuerza de 127.000
soldados, principalmente de la Wehrmacht, unos 67.000, agrupados
en tres divisiones, la 1ª de montaña, la 118 de Cazadores y la 7ª de

las SS. Los italianos aportaron 43.000 hombres, agrupados en una división de montaña, una mecanizada y cuatro de infantería y el resto lo formaron fuerzas auxiliares de países ahora aliados, búlgaros, griegos, croatas y montenegrinos. La idea central de la Operación Schwarz (Operación Negro) era lanzar una ofensiva en Bosnia a lo largo del río Sutjeska con lo que se esperaba dividir en dos el Ejército Nacional de Liberación Yugoslavo. Al mismo tiempo, Löhr y Lüters confiaban en capturar a Tito y obligarle a firmar una tregua que pusiera fin a la guerra en los Balcanes y liberara a los ejércitos del Eje empantanados en ella. La operación se inició al amanecer del 15 de mayo en la zona montañosa de Durmitor, al sur de Bosnia, con el grueso de las fuerzas alemanas e italianas enfrentándose a los guerrilleros atrincherados en las ciudades de Piva y Tara. En contra de lo imaginado por Löhr, los guerrilleros no fueron arrollados por las tropas especiales de montaña y ni siquiera la aviación, con uno de los bombardeos más intensivos de la guerra, pudo hacerles ceder terreno. Aquello fue el primer tropiezo para los alemanes y sus aliados croatas que se vieron detenidos en su avance nada más iniciarlo a pesar de su enorme superioridad. El foco de la lucha fue el hospital en la ladera de Durmitor, convertido en un fortín por la 3ª División de Infantería yugoslava y los alemanes tardaron semanas en tomarlo y hacerse con el control de Piva y Tara. Había transcurrido casi un mes y los yugoslavos habían tenido tiempo de preparar una segunda línea defensiva en las márgenes de los ríos Sutjeska y Sadici. En un primer intento, los alemanes sufrieron una emboscada en la que perdieron gran número de soldados y de material teniendo que retirarse rápidamente. A pesar de sufrir gran número de bajas, los yugoslavos dirigidos por Tito lograron cruzar el río Sutjeska para apoyar a las unidades que acosaban a los alemanes. Hacia el 16 de junio, los guerrilleros estaban cercados en el área del Bistrica y el Sutjeska por alemanes y croatas, pero entonces Tito realizó una de esas maniobras que le señalaban como un genio de la guerra de guerrillas: lanzó un ataque cruzando el río Piva, un movimiento que le permitió romper el cerco aunque a costa de ingentes pérdidas, unos 6.000 hombres entre muertos, heridos y prisioneros. Al otro lado del Piva, el terreno permitió a los guerrilleros dispersarse de manera que resultó ineficaz la aviación o la artillería alemanas y pudieron hacerse con el nudo ferroviario de Gorazde y la zona entre el río Mostar y las montañas de Sarajevo. En aquel momento fue cuando Löhr y Lüters dieron por terminada la operación. No informaron de un «fracaso», pero lo cierto es que el Ejército Nacional de Liberación Yugoslavo no fue eliminado, aunque perdió gran parte de su potencial y del control del territorio. Fue en esa fase de la operación cuando se produjo la acción por la que Löhr sería acusado. Tres brigadas de las fuerzas yugoslavas y el hospital de campaña de los partisanos con más de 2000 heridos y personal médico fueron atrapados por los alemanes y Löhr ordenó a sus hombres que les mataran.

Alexander Löhr
Löhr era uno de esos individuos típicos de cierta clase social del antiguo Imperio Austro-Húngaro. Había nacido en Rumanía, parte del Imperio, el 20 de mayo de 1885, de padre alemán y madre rusa, nacida en ucrania. Su origen familiar le marcó profundamente pues además de hablar cuatro idiomas con fluidez, el alemán, el ruso, el francés y el rumano, su religión, por influencia materna, era la Ortodoxa Orien-

Soldados alemanes en Sutjeska. 1943.

tal y su educación se desarrolló al modo prusiano como su padre. En 1900 entró en la Escuela Militar de Temésvar y posteriormente en la Academia Militar de Viena. En 1914 fue movilizado y después de su paso por la Infantería fue adscrito en 1918 a la incipiente Fuerza Aérea austriaca donde se especializó en esa arma. Tras la anexión de Austria por Alemania en 1938 pasó a formar parte de la Luftwaffe donde desarrollaría su carrera participando además de las acciones de los Balcanes, en la batalla de Creta y en Polonia.

El día 8 de mayo de 1945, todavía al mando de 150.000 soldados alemanes ocupando Yugoslavia, trató de rendirse a los británicos en la provincia austriaca de Carintia, pero éstos, en cumplimiento de los acuerdos aliados, se negaron a hacerle prisionero y se rindió entonces a los yugoslavos. El Tribunal Militar de la República Federal Popular de Yugoslavia lo condenó a muerte tras un proceso que duró diez días, del 5 al 16 de febrero de 1947. Löhr aceptó la sentencia y en ningún momento pidió clemencia al tribunal.

Operación Husky. La que pudo ser un desastre

En enero de 1943, tras la exitosa campaña de las fuerzas aliadas en el norte de África, tuvo lugar en Londres una decisiva reunión en la que se decidiría la conducción de la guerra. El presidente norteamericano en persona, Roosevelt, y el Primer Ministro británico Winston Churchill decidieron en aquel momento el asalto a Europa por el sur, un modo de distraer el mayor número posible de tropas alemanas con vistas a la más ambiciosa operación que supondría la Operación Overlord, el asalto en Normandía. Según palabras de Churchill el objetivo era ejercer presión sobre «el suave bajo vientre de Europa» y la isla de Sicilia fue fijada como objetivo en una operación que llevaría el nombre de Husky. El Alto Mando alemán sospechaba que, tras la victoria de los Aliados en el norte de África, el próximo objetivo podría estar en la vertiente europea del Mediterráneo, pero las posibilidades eran inabarcables, desde las costas de Grecia hasta las de España así pues no tenían modo de saber si habría un desembarco y sobre todo dónde tendría lugar.

Los tanques anfibios Sherman se alinean en Túnez antes de abordar su transporte para la Operación Husky (Invasión de Sicilia). Al fondo, la cubierta del barco.

Al tanto de esta situación, el Alto Mando aliado urdió una operación de desinformación que en sí misma resultó un éxito, aunque la Operación Husky, la invasión de Sicilia, estuvo a punto de fracasar. El encargado de organizar la operación de desinformación fue Ewen Montagu, oficial de Inteligencia Naval de la Royal Navy que planeó escrupulosamente la Operación Mincemeat[1] (Carne picada) para confundir a los alemanes y convencerles de que la invasión del sur de Europa tendría lugar en dos puntos, la isla de Cerdeña o la playa de Kalamata en Grecia. Convencido Hitler de que se habían descubierto las intenciones aliadas, ordenó a las fuerzas alemanas que se concentraran en Córcega y Cerdeña e incluso el general Rommel fue enviado a Atenas para organizar un grupo de ejércitos que detuviera una hipotética invasión. Se dice que Mussolini, mucho más razonable que Hitler, estaba convencido que la invasión sería por Sicilia, pero prevaleció la obstinación de su potente aliado.

Así las cosas, en la madrugada del día 10 de julio de 1943 se puso en marcha la Operación Landbroke con el lanzamiento de unidades paracaidistas de la 82 división aerotransportada de Estados Unidos y la 1ª Brigada de Desembarco Aéreo británica. El mal tiempo y la mala suerte convirtieron en un auténtico desastre esa primera fase de Husky, aunque el inicial desembarco aéreo, cerca de la localidad de Gela resultó un éxito. El hecho más dramático tuvo lugar en una segunda fase. Al poco de despegar del aeródromo de Kairouan, en Túnez los C-47 que transportaban a dos regimientos de la 82 división al mando del coronel Reuben H. Tucker, el comandante de uno de los buques de vigilancia confundió la formación de aparatos con aviones enemigos y ordenó disparar contra uno de ellos. Al observar el fuego de uno de sus buques, la totalidad de la flota y varias defensas costeras dispararon a su vez contra la formación de aviones propios, un «fuego amigo» que costó 23 aviones derribados y 318 soldados norteamericanos muertos. El segundo inconveniente fue una inesperada tormenta que a punto estuvo de cancelar la Operación Husky, una decisión que no se tomó pero que tuvo como resultado que los

---

1. *Espías y la guerra secreta*. José Luis Caballero. Redbook ediciones.

paracaidistas y los planeadores fueran a parar a lugares muy lejos de sus objetivos. Tras el desastre del regimiento de Tucker, el avión del coronel, con más de dos mil agujeros de bala en su fuselaje, pudo lanzar sus hombres en los alrededores de Gela, sólo 400 de los 1.600 previstos. El resto quedó desperdigado en un área de varios kilómetros cuadrados, lejos de sus objetivos principales, pero al menos, la presencia de pequeños grupos de paracaidistas por todas partes contribuyó a desorganizar las defensas italianas y alemanas.

El desembarco en las playas sicilianas tuvo lugar horas después. El 7º Ejército norteamericano al mando del general Patton y el 8º británico al mando de Montgomery se lanzaron sobre las playas de Licata y de Gela donde al principio encontraron fuerte resistencia en especial por parte de la Regia Marina italiana que hundió varios de los buques de transporte y de escolta. Montgomery debía avanzar hacia el norte para llegar hasta Siracusa y cerrar el Estrecho de Messina asegurando los aeródromos de Catania. Por su parte, Patton debería avanzar hacia el centro atravesando Gela y Licata para rodear a las fuerzas italianas y tomar el estratégico puerto de Palermo.

En la Operación Husky, que a punto estuvo de fracasar, tuvo una especial importancia un hombre, el coronel Willian Orlando Darby y la unidad de operaciones especiales que había creado, los Rangers. Al iniciarse la operación los Rangers al mando de Darby contaban con tres batallones y dos de ellos, el 1º y el 4º formaron la punta de lanza de la Primera División. Con un tiempo desapacible desembarcaron al amanecer del 10 de julio en las cercanías de Gela y tras un durísimo combate de varios días consiguieron tomar la ciudad. Reembarcados, se les envió al norte de la isla para tomar la ciudad de San Nicola pero ahí las cosas fueron mucho peor para ellos pues se toparon con un intenso fuego de artillería y la presencia de unidades blindadas de la División Panzer Hermann Goering. San Nicola fue tomado finalmente después de cincuenta horas de durísimos combates y de nuevo el 1º y 4º batallón regresaron a Gela para dirigirse hacia el pueblo de Butera, en el interior de la isla, mientras el 3º se dirigía a Agrigento. A pesar de la dureza de los combates, los Rangers de Darby consiguieron ir cubriendo sus objetivos hasta que su buena racha se acabó el día 30 de enero de 1944. Ese día los tres batallones activos

Un tanque Sherman M-4 llegando a tierra durante
la Operación Husky en Sicilia. 1943.

(el 2º aún no había sido creado) debían apoderarse de la ciudad de
Cisterna, pero esta vez la suerte no les acompañó. En la zona había
muchas más fuerzas de las previstas, especialmente alemanas, la 715.ª
División de Infantería Motorizada, varios batallones de paracaidistas de la División Hermann Goering e incluso carros de combate.
El primero en caer fue el 1º. Batallón sorprendido en campo abierto
y posteriormente el 3º. De los 760 hombres que componían los dos
batallones, sólo seis lograron escapar. El 4º fue incapaz de socorrer al
resto de la unidad y sus 400 soldados restantes fueron transferidos al
504 Regimiento de paracaidistas. Los tres batallones de Rangers fueron dados de baja en los registros y nunca más llegaron a constituirse
de nuevo aunque la unidad siguió su andadura creándose dos nuevos
batallones, el 2º y el 5º que participaron en la Operación Overlord, el
desembarco de Normandía.

William Darby, el alma de los Rangers
El día 30 de abril de 1945, dos días antes de la rendición de las tropas
alemanas en Italia y apenas a una semana de la rendición incondicional de Alemania y el fin de la guerra en Europa, un proyectil de
artillería de 88 mm. cayó en el puesto de mando de la Xª División de
Montaña dirigida en aquel momento por el coronel William Darby. En ese preciso instante, Darby daba las últimas órdenes para el

ataque a la ciudad de Tarento con la intención de cercar a las tropas alemanas que la defendían y evitar su huida. El coronel y un sargento fallecieron en el acto y varios oficiales resultaron heridos. Dos semanas después, el 15 de mayo, Darby era ascendido póstumamente a General de Brigada, un ascenso que él había rechazado meses antes porque eso implicaba abandonar el frente y trasladarse a un despacho.

William Orlando Darby había nacido el 8 de febrero de 1911 en la localidad de Fort Smith en el estado de Arkansas y se graduó como oficial en West Point en 1933. Nada más estallar la guerra, en 1939, fue enviado a Irlanda del Norte donde se familiarizó con los comandos especiales británicos y de ahí nació su idea de crear una unidad semejante en el ejército de Estados Unidos. El 19 de junio de 1942, cuando ya Estados Unidos había entrado en guerra, consiguió por fin su propósito y ese día se constituyó el primer batallón de Rangers, una fuerza de infantería ligera formada con voluntarios a los que comenzó a entrenar en Carrickfergus, Irlanda del Norte. Poco después consiguió que su unidad, conocida como «Guardabosques» se trasladara a Escocia para continuar su entrenamiento con los comandos británicos. Los Guardabosques recibieron el bautismo de fuego en la localidad de Arzew, en Argelia, defendida por los franceses de Vichy. Darby fue citado y condecorado por la acción y su unidad recibió así la aprobación del Ejército.

Su cita en el Orden del Día decía así: «En la madrugada, el teniente coronel Darby golpeó con su fuerza por sorpresa la retaguardia de la posición enemiga fuertemente fortificada. Siempre visible al frente de sus tropas, dirigió personalmente los ataques contra las líneas enemigas defendidas por una ametralladora pesada y fuego de artillería, y dirigió la furia del ataque de los Guardabosques por su hábil empleo de granadas de mano y el combate cuerpo a cuerpo. El 22 de marzo, el teniente coronel Darby dirigió su batallón de choque sobre el Bon Hamean, con el resultado de la captura de prisioneros y la destrucción de una batería de artillería autopropulsada».

Tras la operación de desembarco en Sicilia fue ascendido a coronel y condecorado de nuevo y en septiembre de 1943 tomó parte en la invasión de Italia. Enviado a Estados Unidos para diversas tareas en el Departamento de Guerra, regresó a Italia en marzo de 1945 tomando parte en la campaña de Anzio hasta su encuentro con la muerte en las afueras de Tarento.

Operación Stratford

En la mañana del 9 de abril de 1940, Winston Churchill, Primer Lord del Almirantazgo británico, tuvo una de los peores despertares de su vida, uno más que se venía a sumar al del 1 de septiembre del año anterior cuando la Wehrmacht, el ejército de Alemania había invadido Polonia. Ese día de abril, 120.000 soldados alemanes, 1.000 aviones y la casi totalidad de la Kriegsmarine lanzaron la Operación Weserübung, una gran ofensiva hacia el norte, Dinamarca y Noruega, con la inútil resistencia de unos ejércitos, danés y noruego, claramente inferiores. El disgusto de Churchill no era sólo el hecho de que aquel movimiento aseguraba a la industria alemana el suministro de hierro de la neutral Suecia, sino la frustración que suponía la paralización de un movimiento idéntico, ya aprobado y preparado de los aliados franceses y británicos, la Operación Stratford.

Un par de meses antes, el día 5 de febrero, la Junta de Defensa anglo-francesa había dado luz verde al plan impulsado por Winston Churchill, siempre consciente de los objetivos estratégicos, más allá de las necesidades militares inmediatas. La Operación Stratford preveía el despliegue de 100.000 soldados británicos y franceses en Suecia, sin involucrar al país en la guerra, al menos teóricamente, con la excusa de apoyar a las fuerzas finlandesas que desde noviembre de 1939 resistían la invasión soviética en Carelia. El «bello» gesto ideado por Churchill no convenció a los suecos que denegaron amablemente la instalación del contingente aliado en su territorio, pero ante la necesidad, Churchill aconsejó que de todos modos se hiciera, «por las buenas o por las malas», pero el día 12 de marzo terminó la guerra en Finlandia con un acuerdo entre fineses y soviéticos y desapareció la excusa. Fue entonces cuando, sin más dilación, los británicos pusieron en marcha la Operación Wilfred que consistía en el minado de las aguas territoriales noruegas y el ambicioso plan R-4 que no era otra cosa que un desembarco en Noruega ocupando los puertos de Narvik, Stavanger, Bergen y Trondheim, para acceder luego por tierra hasta Suecia. El resultado inmediato fue el hundimiento de varios cargueros noruegos con muertos y heridos, lo que enfureció al gobierno del país. Los Aliados, en especial Churchill, contaban con que Hitler haría algún movimiento lo que daría la excusa para la invasión aliada de Escandinavia, pero en cierto modo infravaloraron la rapidez de acción de los alemanes o ignoraron los planes alemanes que ya existían, la Operación Weserübung.

El incidente Altmark

Todos los historiadores coinciden en que mientras la neutralidad sueca era un hecho y la hipotética invasión del país podía ser un quebradero de cabeza para alemanes o británicos, la misma situación de neutralidad de Noruega era mucho más discutible y ni uno ni otro bando se lo tomaban demasiado en serio. Incluso los noruegos no acababan de creérselo debido a que sus puertos eran la vía de salida del hierro sueco hacia Alemania, en especial desde Narvik y de hecho los gobiernos noruegos de la época aprobaron presupuestos militares para fortalecer sus fuerzas armadas, algo que no pudo ser desarrollado a tiempo.

En medio de ese intento de neutralidad tuvo lugar el incidente *Altmark* cuando el buque de carga alemán de ese nombre navegaba en aguas territoriales noruegas supuestamente cargado con mercancías civiles. Aunque fue registrado hasta en tres ocasiones por embarcaciones de la Armada noruega, los noruegos no lograron localizar a los 299 marineros británicos encerrados en las bodegas, prisioneros efectuados por el acorazado alemán de bolsillo, el *Graf Spee*, en diversos abordajes en aguas del Atlántico. La misión del Altmark, con los prisioneros, contravenía la neutralidad, pero los noruegos no lo detectaron o no lo denunciaron por lo que el destructor británico *HMS Cossack* asaltó al *Altmark* liberando a los prisioneros en un acto de guerra que también violaba el estatuto de neutralidad de Noruega. Este incidente, ampliamente difundido en Alemania e Inglaterra fue la excusa que Hitler necesitaba para la invasión de Noruega y de paso la de Dinamarca.

Un cúmulo de circunstancias

Dos días antes de conocer el verdadero alcance de la Operación Weserübung, el 7 de abril, un submarino polaco con base en Gran Bretaña hundió frente a las costas de Noruega un transporte alemán, el *Río de Janeiro*, supuestamente con suministros a un destino desconocido, pero en el curso de la operación los polacos se percataron de que el buque lo que llevaba era un contingente de soldados de infantería. Ese detalle pasó por alto a los noruegos que, al interrogar a los supervivientes que llegaron a la costa, fueron engañados sobre el destino del contingente de la Wehrmacht que no era otro que el desembarco en el país. Ese mismo día los alemanes desembarcaban en Narvik y Trondheim y al día siguiente lo hacían en Bergen, Stavanger y Oslo sin que los británicos se percataran a tiempo del alcance de la operación. La respuesta británica llegó tarde y mal, infravalorando a las fuerzas alemanas con el convencimiento de que la flota alemana que se movía por aquellas costas sólo trataba de romper el bloqueo al que era sometida. El siguiente movimiento aliado fue el

El *HMS Cossack* asaltó al carguero alemán *Altmark*, liberando a los prisioneros británicos que albergaba en sus bodegas.

de intentar recuperar Narvik y Trondheim con sendos desembarcos, pero el de Trondheim fracasó pues ya los alemanes habían establecido sólidas defensas en ambos puertos y la Luftwaffe dominaba los cielos. El día 2 de mayo, los efectivos británicos, unos 12.000 hombres, reembarcaron de Trondheim renunciando a su conquista. En Narvik el intento británico duró algo más, pero la invasión de los Países Bajos y de Francia a finales de mayo y principios de junio cambió las prioridades, y los 25.000 soldados británicos, franceses y polacos destacados en Narvik abandonaron también sus posiciones y fueron reembarcados.

PJ Mackesy

La Operación Stratford, tal y como estaba diseñada, consistía concretamente en una acción anfibia destinada al desembarco de cuatro batallones de la 49° División del Ejército británico al mando del general PJ Mackesy. Una parte de esa fuerza debía capturar Narvik y cortar la línea férrea que llegaba desde los yacimientos de hierro suecos de Gällivare mientras el grueso de la fuerza debía tomar los puertos de Stavanger, Bergen y Trondheim. La operación suponía el envío de 100.000 hombres y unos 11.000 vehículos y estaba compuesta de tres partes, la Operación Naval, la Operación Combinada y la Operación Aérea.

Mackesy, el hombre que debía dirigir la operación, había nacido en abril de 1883, participó en la Primera Guerra Mundial y había desarrollado su carrera militar sobre todo en el periodo de entreguerras con misiones en Rusia, en la India y en Palestina. Se retiró del servicio en julio de 1940 tras el fiasco de la invasión de Noruega, aunque fue de nuevo llamado poco después como profesor de la Escuela de Guerra donde permaneció hasta 1941. Falleció en 1953. Su hijo Piers Gerald Mackesy, fue un reputado historiador militar con una decena de libros publicados, en especial sobre las luchas coloniales en América y las guerras napoleónicas.

Operación Tannenbaum o cómo Suiza se libró de la invasión

«Suiza posee el sistema político y la gente más desagradable y miserable. Los suizos son enemigos mortales de la nueva Alemania». La frase, según el historiador Christian Leitz, es de Adolf Hitler al responder a una pregunta del Duce Benito Mussolini en una reunión mantenida por ambos mandatarios en 1941. La anécdota está recogida en el libro *Sympathy for the Devil: Neutral Europe and Nazi Germany in World War II* citando palabras del conde Ciano, ministro de Asuntos Exteriores italiano y yerno del Duce, presente en la reunión. Es probable que la furia de Hitler en aquel momento estuviera avalada por el hecho de que, durante la campaña de Francia, la aviación suiza, equipada con Bf-109 alemanes, había derribado doce aparatos de la Luftwaffe que habían invadido su espacio aéreo.

La decisión de Hitler de no invadir Suiza, tomada en 1937 poco antes del Anschluss, era una garantía de que se respetaría la neutralidad suiza que ya se había mantenido en la Primera Guerra Mundial, pero en junio de 1940, el mismo día de la rendición de Francia, el Alto Mando alemán, presidido por Hitler, empezó a barajar la posibilidad de invadirla. La situación del país alpino era difícil y peculiar. Rodeado por las potencias del Eje, Alemania e Italia y luego por la Francia de Vichy, aliada de Alemania, no tenía demasiadas posibilidades y el general Henri Guisan, al mando de la Defensa suiza, inició una operación de reclutamiento y preparación ante una más que probable invasión alemana. Los planes de ocupación del país se materializaron en septiembre de 1940, cuando el general Wilhelm List, al mando del 12º Ejército de la Wehrmacht, estacionado en Francia después de participar en la invasión del país y en la de Polonia, presentó el dossier de la Operación Tannenbaum. El plan era obra del capitán Otto Wilhelm von Menges, Jefe de Operaciones en el OKH, el centro de mando de la Wehrmacht. De hecho, la Operación Tannenbaum era el tercer plan de invasión de Suiza y que posiblemente tenía más probabilidades de efectuarse, aunque nunca fue llevado a cabo porque una cosa eran los planes militares y otra los intereses políticos del Gobierno alemán que preferían utilizar a la Suiza neutral como mercado de capital y vía de comunicación con el enemigo.

El plan

La fuerza de invasión alemana estaba compuesta, en la primera versión de Tannenbaum, por veinte divisiones pertenecientes al 12° Ejército y al Ejército Panzer de Guderian, pero en las sucesivas revisiones se acabó concretando la fuerza en 11 divisiones más otras 15 italianas, especializadas en alta montaña, que operarían por el sur. En esa primera versión, el ataque alemán se efectuaría principalmente desde Francia, con líneas de comunicación más accesibles y supuestamente una menor defensa del Ejército suizo.

La fecha para el inicio de la Operación fue fijada para el 31 de julio de 1940 pero en la segunda versión del plan se preveía que la fuerza alemana atacaría desde el norte y el oeste en un frente mucho más amplio, desde el norte hacia el Aar y el Ródano y otro frente a través del Rhatikon en la frontera con Austria, en dirección a Berna y Zurich. Las unidades alemanas atacantes serían la 4ª División Panzer, la 5ª, 23ª, 73ª, 260ª y 262ª Divisiones de Infantería, la 1ª División de Gebirgsjäger, la 20ª División de Infantería Motorizada y los regimientos especiales SS-Totenkopf, SS-Leibstandarte Adolf Hitler y la división Grossdeutschland. Las tropas de montaña italianas atacarían desde el sur en las zonas montañosas más escarpadas. El plan incluía preservar intactas las líneas de ferrocarriles, los puentes y las carreteras absolutamente vitales con un terreno tan sumamente accidentado.

A pesar de las garantías dadas por Hitler, el Gobierno suizo no creía en ellas, ni mucho menos, y el general Guisan se ocupó de preparar al país para la resistencia. De inmediato se realizó una movilización de hasta 400.000 hombres, lo que doblaba el número de soldados disponibles y se puso en marcha el plan de defensa llamado «Reduit Nacional», diseñado desde las invasiones napoleónicas y que consistía en un sistema de guerra de guerrillas y «santuarios» en los puntos más inaccesibles. La estrategia era dejar que los invasores tomaran las grandes ciudades, pero hacerles la vida imposible controlando las comunicaciones, carreteras, vías férreas, puentes y túneles además de las zonas montañosas y las entradas a los valles. La previsible larguísima y costosa guerra de guerrillas y la inminencia de la Operación Barbarroja, la invasión de la Unión Soviética, disuadieron finalmente al mando alemán y la Operación Tannenbaum fue cancelada.

El autor del plan de invasión de Suiza, el capitán Otto-Wilhelm von Menges, oficial de Estado Mayor adscrito a la Sección de Operaciones, había nacido en Bornhausen, el 9 de enero de 1908. Poco después de la suspendida Operación Tannenbaum fue trasladado a la 24 División Panzer, en el frente de Stalingrado y allí murió en combate, el 29 de enero de 1943.

Ritter, el hombre clave

El hombre que debía dirigir la Operación Tannenbaum era el general Wilhelm Ritter von Leeb, un controvertido militar nacido en 1876 en Passau, en el estado de Baviera y miembro de una familia de la pequeña nobleza bávara. Ingresado muy joven en el Ejército, obtuvo el grado de teniente en 1897 después de participar en China en la llamada «guerra de los boxers». En 1907 ingresó en la Academia de la Guerra de Baviera donde se especializó en artillería como algunos de los generales de Hitler, Jold y Kesselring. Se distinguió durante la Primera Guerra Mundial en el frente del Este y en 1938, al mando del XII Ejercito, tomó parte en la ocupación de los Sudetes. A pesar de ser uno de los oficiales preferidos por Hitler, Von Leeb tuvo con él algunas diferencias importantes, como oponerse a violar la neutralidad de Bélgica. Cuando se planteó la ocupación de Suiza también se manifestó en contra, pero la postura de Hitler, siempre indeciso sobre si ocuparla o no, finalmente fue la misma que Von Leeb y otros generales como Wilhelm List o Franz Halder, jefe del OKH, el Cuartel General del Ejército, que lo consideraban un error. La inminencia de la Operación Barbarroja aclaró las cosas yWilhelm Ritter von Leeb fue ascendido a Mariscal y se le confió el mando del Grupo de Ejércitos Norte cuyo objetivo principal era Leningrado. Contraviniendo las órdenes de Hitler, Von Leeb efectuó algunas maniobras de retirada de la antigua capital de los zares ante el peligro de que sus fuerzas fueran cercadas y Hitler le destituyó fulminantemente a pesar de que su decisión evitó un desastre como el de Stalingrado. En 1948 fue juzgado en Nürenberg y condenado a tres años de prisión como cómplice de crímenes de guerra; se le encontró culpable de connivencia con los Einsatzgruppen de las SS encargados de la represión contra la población civil. Fue liberado de la prisión poco después y falleció

Soldados suizos preparándose para defender el país
de una posible agresión germana.

el 29 de abril de 1956 en Hohenschwangau, el antiguo castillo de la
realeza bávara.

Operación Félix y otras consideraciones

La Operación Félix, el plan alemán de ocupación del enclave de Gibraltar, entra dentro de esas operaciones imposibles, de tan gran envergadura que el curso de la guerra hizo necesario dejar en el alero. El asalto a Gibraltar, la mayor base naval en el Mediterráneo, llave de entrada en el Mare Nostrum, no era simplemente una operación militar más o menos compleja, sino que se trataba de una amplia cuestión estratégica que implicaba a España, recién salida de una larga guerra civil, a Portugal, con una ambigua posición entre los Aliados y el Eje y otros detalles que incluían las islas Canarias, las Azores y Cabo Verde. Desde 1704, el peñón de Gibraltar se había convertido en una plaza fuerte para la Marina británica desde la que se podía controlar el paso por el estrecho. Al estallar la Segunda Guerra Mundial aquello significaba que, dominando también el canal de Suez, los británicos controlaban el Mar Mediterráneo en el que tanto la flota francesa de Toulón o Mazar-El-Kebir y la italiana basada en Tarento no tenían posibilidades de salir a los océanos o recibir ayuda por mar.

Nada más firmar el armisticio con Francia, los planes del Alto Mando alemán se dirigieron contra Inglaterra como era evidente, pero en el fondo, Adolf Hitler tenía sus planes de expansión, la invasión de la Unión Soviética, el este, con la intención de adquirir territorios donde instalar colonos alemanes y de paso eliminar el peligro bolchevique. Para ello necesitaba la rendición de Inglaterra, la firma de un armisticio como el conseguido en Francia con la finalidad de pacificar el oeste y disponer de todas sus fuerzas para el nuevo enemigo. Pero a esos deseos se oponía la posición geográfica de Inglaterra, insular y colonial. La complicación no era sólo la insularidad de Gran Bretaña y el control del mar adyacente por la Royal Navy, sino la existencia del Canal de Suez y el peñón de Gibraltar controlados por Inglaterra y que garantizaban su comunicación con las colonias y con Australia. Además la ruta naval tenía en las islas Azores y las de Cabo Verde dos puntos de apoyo o de hostigamiento, dependiendo de quien las controlara, en su comunicación con Estados Unidos que, aún sin entrar en guerra, era el principal suministrador de materias primas y material de guerra para el Reino Unido. Ante esa situación, nada más producirse la rendición de Francia, el mariscal del aire Hermann Goering fue el primero de los altos jerarcas nazis en aconsejar la toma de Gibraltar y al mismo tiempo el control del norte de África donde la colonia italiana de Libia, las francesas de Túnez y Argelia y la franco-española de Marruecos ofrecían posibilidades reales. Apoyando esta tesis se encontraba el general Alfred Jodl quien presentó un plan más ambicioso que consistía en tomar Gibraltar, el Canal de Suez y el norte de África para aislar a Gran Bretaña de sus colonias y obviar así el asalto a la metrópoli forzándola a un armisticio. Al aceptar Hitler, en principio, aquella sugerencia, se presentó el principal problema, la posición de España, cuya colaboración era absolutamente necesaria para la conquista de Gibraltar y la neutralización de Portugal, siempre cercano a Inglaterra. Las conversaciones entre el Gobierno alemán y el español se iniciaron inmediatamente, en julio de 1940, pero no fue hasta el inicio de la desastrosa campaña italiana en Grecia, octubre de ese año, cuando el Alto Mando alemán decidió poner en marcha la Operación Félix, la toma de Gibraltar, para impedir la ayuda británica al reino de Grecia.

Otro de los detalles contenidos en la Operación Félix era la ocupación de las islas Azores, aunque también Estados Unidos había puesto sus ojos en dichas islas situadas en el Atlántico a 1.500 kilómetros de la costa portuguesa y casi 4.000 de su costa este. Los norteamericanos, ya al estallido de la guerra en 1939, consideraban que las Azores podían ser una importante base naval tanto para el ataque a su país como para su defensa y también una escala para posibles ataques aéreos en caso de conflicto. La atención a las islas Azores fue incluida en una serie de planes de defensa llamados «Planes Arco Iris» habida cuenta de que igual que las líneas de transatlánticos comerciales hacían escala en ellas también lo podrían hacer los cruceros de batalla alemanes y si la Pan-Am hacía escala en su aeropuerto también lo podría usar la Luftwaffe en un hipotético ataque a la costa este de Estados Unidos. En esencia la ocupación de las Azores fue considerada en el caso de que se perdiera Gibraltar y para ello se planeó el desembarco de la 1ª División de Marines y la 1ª División de Infantería, unos 28.000 hombres en total con 11.000 en la reserva. El problema, aparte de la logística para mantener operativa aquella fuerza, era la oposición del Gobierno portugués, presidido por el dictador Oliveira Salazar, neutral pero muy cercano a Alemania. Después de algunas negociaciones a través del Reino Unido, tradicional aliado de Portugal, se llegó a un compromiso por el que Salazar aceptaba la intervención norteamericana caso de que las islas fueran amenazadas por los alemanes. Llegados a ese punto de equilibrio, los norteamericanos retiraron las Azores de sus planes de guerra.

Los datos de una operación imposible
El día 12 de noviembre de 1940 Hitler promulgó la Directiva número 18 con dos objetivos que contemplaban literalmente «medidas políticas para inducir la pronta entrada de España en la guerra» y señalaba que el objetivo de la intervención alemana en la Península Ibérica era expulsar a los ingleses del Mediterráneo Occidental. Aquella de-

cisión se basaba en gran parte en el informe emitido por el jefe de la Abwehr, el almirante Wilhelm Canaris, que afirmaba que el ataque a Gibraltar por tierra era viable tras una visita «in situ» efectuada en el mes de julio. La operación contemplaba la entrada de dos cuerpos de Ejército en la Península Ibérica al mando del prestigioso mariscal de campo Walter von Reichenau, uno en dirección a Gibraltar y otro hacia Portugal. Este último Cuerpo Expedicionario mandado por el general Rudolph Schmidt y formado por tres divisiones, la 16ª de Infantería, la 16ª Panzer y la 3ª Panzer SS ocuparían Valladolid, Cáceres y Sevilla respectivamente con la finalidad de neutralizar una posible intervención británica desde Portugal. El segundo frente, el que tomaría Gibraltar, sería el 49 Cuerpo Armado de Montaña del general Ludwig Kübler que había pasado por un entrenamiento en la provincia de Besançon (Francia), en el Jura. La unidad la formaban dos regimientos de infantería de montaña, a lo que se añadían otras unidades de refuerzo, ocho batallones de apoyo y unidades de transporte y demolición. El apoyo previsto por parte de la Luftwaffe y la Kriegsmarine era cuando menos ridículo, con sólo algunos aviones de cobertura, Bf-109 y Stukas y un solo submarino que, supuestamente, debía interferir en la evacuación de las tropas británicas de defensa del peñón.

Si en los casos de las operaciones León Marino, Verde o Ícaro el problema principal era la Royal Navy y su dominio del mar, en el caso de la Operación Félix el principal problema era la postura española, pues atravesar la península ibérica sin el apoyo del Gobierno español o en el peor de los casos con su oposición era una misión cargada de dificultades. De ahí que los primeros pasos de la Operación Félix fueran los contactos a diversos niveles entre ambos gobiernos y donde la misión fracasó antes de empezar. Desechada la Operación Félix, el Alto Mando Alemán no dejó por ello de considerar importante el caso de la Península Ibérica, especialmente España, fronteriza con Francia, con las Canarias y Gibraltar como puntos a tener en cuenta. Así, los alemanes fueron creando nuevos planes, la Operación Isabella, destinada a ayudar a España caso de que fuera invadida por los británicos, la Operación Ilona con menor alcance que la anterior (llamada después Gisela) y finalmente la Operación

Nürenberg que sería sólo una serie de medidas en caso de que se produjera la invasión británica de España.

La posición de España

Los prolegómenos de la Operación Félix, más una cuestión política que militar, tuvieron lugar en Hendaya, en la frontera franco española el 23 de octubre de 1940. Ese día hubo un importante encuentro entre el Jefe del Estado español, el general Francisco Franco y el Führer de Alemania, Adolf Hitler asesorados cada uno por sus respectivos ministros de Asuntos Exteriores, Ramón Serrano Suñer y Joachim Von Ribbentrop. Se ha hablado y escrito mucho sobre esa

Hitler y Franco en su célebre encuentro
celebrado en la localidad de Hendaya.

charla y sobre el resultado, ambiguo, pero lo cierto es que no hubo acuerdo y el Führer no dio la orden de poner en marcha la Operación Félix, aunque sí ordenó que estuviera todo preparado. El argumento principal para justificar la falta de acuerdo es sin duda el altísimo nivel de las exigencias del general Franco para autorizar el paso de las fuerzas alemanas, lo que implicaba que España entrara en guerra al lado de las potencias del Eje. Esas exigencias, además de cantidades ingentes de material de guerra, suministros diversos, petróleo y alimentos, incluían también la cesión de las colonias francesas en África, Marruecos, una parte de Argelia y la Guinea francesas y el Camerún. Por supuesto Gibraltar y al parecer también el Rosellón. Si el general Franco hacía esas peticiones en serio o sólo para disuadir a Hitler es algo aún en el aire, pero lo cierto es que los acuerdos de Hitler con el gobierno francés de Vichy impedían cumplir semejantes peticiones y la alternativa, entrar en España con la oposición del Gobierno del general Franco, podía ser abrir otro frente que el OKW, el Cuartel General alemán desaconsejaba totalmente. En ese sentido es muy sintomática la opinión de Winston Churchill expresada en sus diarios de la época: «Si no es invadida (España) en el momento presente, es sólo porque Hitler se aparta de verse embrollado como Napoleón antes que él».

Gran parte de responsabilidad en aquella primera parte de la Operación Félix, la tuvieron dos personajes destacados, por un lado el ministro español Serrano Suñer y por otro el almirante Canaris, jefe de la Abwehr, el servicio secreto alemán. Serrano Suñer, afín a la ideología nazi, llegó incluso a entrevistarse con Adolf Hitler tratando de llegar a un acuerdo que permitiera el paso del Ejército alemán por España y de paso que fortaleciera el poder de Falange Española en el Gobierno. Sin embargo, el precio puesto por el general Franco, y que Serrano Suñer mantuvo, resultó demasiado alto para las intenciones del Adolf Hitler. En cuanto al papel de Wilhelm Canaris, aparece en clave de misterio como corresponde a un jefe de los servicios secretos. La postura oficial de Canaris, que la conquista del peñón era posible, es sólo una parte de su trabajo. El 1 de julio de 1940 Canaris se entrevistó personalmente con Franco oficialmente para tratar de persuadirle de que facilitara el paso de las fuerzas alemanas por España, pero existen fundadas sospechas de que al menos de un modo disimulado, el jefe de la Abwehr recomendó a Francisco Franco que no entrara en guerra, es decir que no aceptara las presiones de Hitler. Probablemente Canaris pensaba en la protección de los intereses alemanes más que el propio Hitler y estaba convencido de que la toma de Gibraltar implicando a España era no sólo innecesaria sino imposible.

Ludwig Kübler, el hombre clave

De haberse llevado a cabo la Operación Félix, el general Ludwig Kübler hubiera sido sin duda el hombre clave. De él dependía el ataque al peñón de Gibraltar como jefe del 49 Cuerpo Armado de Montaña que incluía la 1ª División de Montaña de la Wehrmacht. Kübler era un veterano soldado, nacido en Munich en 1889 cuando todavía existía el reino de Baviera. Era miembro de una numerosa familia, nueve hermanos, y sus primeros años de estudiante fueron irregulares, con abandono de los estudios primero y brillantes notas después en el Ludwig Gymnasium de Munich. Rechazó la entrada en la Academia Militar del Maximilianeum de Munich y optó por ingresar en el Real Regimiento de Infantería «Rey Friedrich August de Sajonia». Al estallar la Primera Guerra Mundial combatió en el frente occidental, en Lorena y en el Somme resultando herido y condecorado en ambas operaciones. En el periodo de entreguerras fue ascendiendo en diversos puestos administrativos hasta que en 1938, ascendido a Mayor General, participó en la creación de la Primera División de Montaña que alcanzó un altísimo nivel de eficacia. En 1939 participó en la campaña de Polonia y en los Cárpatos y ascendido a Teniente General combatió en Bélgica y en Francia. El 25 de octubre de 1940 se le dio el mando del 49 Cuerpo de Montaña una vez que fue abandonada la Operación León Marino y se le encargó la preparación de la toma de Gibraltar, la Operación Félix. Abandonada ésta fue enviado a Yugoslavia y se le dio el mando del 4º Ejército en la Operación Barbarroja, pero sus desavenencias con las órdenes de Hitler en aquel invierno provocaron que fuera apartado del mando y enviado a la retaguardia en unidades de la reserva. En el verano de 1943 se le encargó la seguridad en la retaguardia del Grupo de Ejércitos Centro y ahí fue donde muchas de sus actuaciones fueron consideradas como crímenes de guerra por lo que finalizada la guerra fue acusado y condenado por un tribunal yugoslavo que le condenó a muerte. La sentencia por ahorcamiento se cumplió en Belgrado el 26 de febrero de 1947.

La Operación Shamil

El intento de los alemanes de hacerse con los pozos petrolíferos del Cáucaso fue un entramado de operaciones que finalmente no consiguieron sus objetivos a pesar de que la Wehrmacht llegó a ocupar todo el territorio en el verano de 1942. Cuando lo hicieron, los campos petrolíferos y sus instalaciones ardían por los cuatro costados. Poco después, en noviembre, la contraofensiva soviética los expulsó del territorio y a mediados de diciembre los rusos controlaban de nuevo los campos petrolíferos. Las operaciones estrictamente militares, Fall Blau y Edelweiss, la conquista del territorio, tuvieron éxito, aunque fugaz, pero la más importante, la Operación Shamil, encaminada a proteger los pozos petrolíferos y sus instalaciones no llegó a realizarse pues los rusos pudieron destruir las instalaciones antes de la llegada de las fuerzas alemanas encargadas de la operación de comando.

La campaña de verano de 1942 de la Wehrmacht obedecía una orden de Hitler, la Directiva número 41 que ordenaba «Cortarles el paso (a los rusos, claro) en la mayor medida posible a sus principales centros de industria bélica». Sobre el terreno esto significaba la toma de Stalingrado y la de los pozos petrolíferos del Cáucaso, una labor esta última encargada al Grupo de Ejércitos A al mando del general Wilhelm List. En el Cuartel General de List no cabía duda de que estaban en condiciones de ocupar el Cáucaso y llegar a su centro petrolífero más importante, Bakú, el problema era que el terreno, con enormes distancias, bosques casi impenetrables, malas comunicaciones en cuanto a carreteras y líneas férreas y lo sumamente escarpado de la cordillera hacían el avance extremadamente lento y eso significaba que los rusos podrían tener tiempo de sabotear todas las instalaciones y dejarlas inservibles antes de que los alemanes se acercaran. El objetivo de las fuerzas de List eran las ciudades de Maikop, Grozni y Bakú, algo que los rusos no podrían impedir, pero el avance era tan sumamente lento que se hacía necesario una iniciativa. Fue en esas condiciones cuando en el mando de la Abwehr se ideó la Operación Shamil, una operación de comando que debería tomar el control de los pozos petrolíferos e impedir su destrucción.

Cuestión de rapidez

El objetivo de la Operación Shamil estaba claro, ocupar y defender los pozos hasta la llegada de las fuerzas delI Ejército Panzer de Ewald von Kleist. Para ello Canaris, patrocinador de la idea, recurrió en primer lugar al Lehr-Regiment Brandenburg zBV 800, una unidad aerotransportada creada para operaciones especiales y bajo su mando directo. Una vez enviados a la zona se lanzarían en paracaídas sobre los objetivos antes de que pudieran ser destruidos. Al mismo tiempo se formaron unidades especiales de cosacos contrarios al régimen soviético y de SS que debían impedir en última instancia la destrucción de las instalaciones. Toda la operación se basaba en la rapidez, pero el general List no podía hacer milagros y tuvo que detener la Operación Edelweis, la ocupación de Maikop, lo que le costó el mando del grupo de Ejércitos. Las avanzadillas de sus fuerzas consiguieron llegar a Maikop pero aunque lo intentó, estaba claro que las ciudades de Bakú y Grozni nunca caerían en manos alemanas. En esas condiciones la Operación Shamil fue cancelada.

Pocas veces se ha tratado en la historia de la Segunda Guerra Mundial sobre las unidades de operaciones especiales alemanas, a la altura de las aliadas como el SOE británico o los Rangers norteamericanos. Una de estas unidades, adscrita a la Abwehr hasta 1943 cuando Hitler consideró oportuno trasladarlas a la Wehrmacht y luego a las Waffen-SS, fue el Lehr-Regiment Brandenburg zBV 800, una unidad especial creada porTheodore von Hippel en 1933 cuyos miembros tenían el privilegio de operar con absoluta libertad, lejos del control racial e ideológico de las SS. Los miembros del zBV 800 eran expertos en operaciones encubiertas, en explosivos y todo tipo de armas, hablaban con fluidez varios idiomas eran expertos paracaidistas y montañeros. Su bautismo de fuego fue en Polonia donde se les envió para tomar puentes y nudos ferroviarios y posteriormente realizaron misiones en Bélgica y Francia. Después de varias acciones en Ucrania el regimiento fue adscrito a la Operación Shamil y sus hombres disfrazados de soldados rusos y dirigidos por el teniente Adrian von Fölkersam, consiguieron hacerse con el control de la ciudad de Maikop porque la guarnición rusa que debía proteger la ciudad la dejó en sus manos creyendo que eran su relevo. En el momento de decidir su traslado al control de las SS y de Himmler, Hitler, que desconfiaba profundamente de Canaris, estaba convencido que el regimiento zBV 800 era un ejército privado del jefe de la Abwehr.

Soldados alemanes de la unidad Branderburg zBV800 disfrazados de soldados rusos.

Gertrud, una operación con nombre de mujer

Es de sobra conocido que los planes estratégicos de Adolf Hitler pasaban por su expansión hacia el este, nada más y nada menos que con la colonización de territorios checos, polacos y sobre todo rusos con la alucinante finalidad, imperialista y primaria, de «dotar a los alemanes de nuevos territorios» a costa de eliminar o desplazar a las poblaciones autóctonas. Inmerso en esa dinámica, Adolf Hitler pretendía una reorganización territorial que prácticamente hiciera desaparecer la Unión Soviética creando los nuevos estados de Ucrania, ya en marcha, los de Georgia y Armenia en el Cáucaso y Azerbaiyán, estos últimos con enormes reservas de petróleo. Para la realización de sus planes en el sur, el expansionismo alemán tropezaba ineludiblemente con el expansionismo turco que se había puesto de manifiesto con el genocidio armenio y que tenía como finalidad (tan alucinante como la alemana) el llamado Turán, que no era otra cosa que un hipotético imperio de raíces turcomanas que incluía parte de Persia, fagocitando a armenios y azeríes. Así pues, tras la eliminación del enemigo soviético parecía necesario preparar el enfrentamiento con Turquía y fue así como nació la Operación Gertrud.

Turquía y Alemania habían firmado un pacto de no agresión en 1941, justo antes de la puesta en marcha de la Operación Barbarroja, pero igual que en el caso de la firma del pacto Molotov-Ribbentrop, Adolf Hitler no tenía ninguna intención de respetarlo e inmediatamente se puso manos a la obra diseñando el plan de ataque a Turquía. La base política de la Operación Gertrud sería la creación de un estado armenio, la Gran Armenia instalada entre el Cáucaso y Anatolia utilizando para ello el nacionalismo armenio y sus ansias de revancha después del genocidio practicado por los turcos entre 1915 y 1923. Paradójicamente, Hitler había estudiado con interés la acción de los turcos encaminada a eliminar a los armenios utilizando para ello el asesinato masivo y las deportaciones, que poco después utilizaría el nacionalsocialismo alemán contra los judíos. En los planes sobre el ataque a Turquía azuzó también Hitler la animadversión nacionalista de búlgaros y griegos contra el estado turco, heredero del Imperio otomano y las típicas reivindicaciones territoriales de todo nacionalismo, en especial en zona tan convulsa y mezclada como la Europa Oriental y el Cáucaso. Hitler insistió para el estudio del plan de invasión de Turquía a pesar de que los generales alemanes lo desaconsejaban por la lejanía de sus bases y sobre todo por la necesidad de dedicar la mayor parte de sus recursos a la Operación Barbarroja. El ataque se programó para finales de 1942 con la seguridad de que para entonces, la Rusia soviética estaría derrotada.

Los datos

El ataque a Turquía, la Operación Gertrud, debía partir desde cuatro puntos diferentes apoyados por la Luftwaffe y con participación de una flota de 27 navíos de la Kriegsmarine que apoyarían el ataque desde el mar Egeo. La primera fase de la operación lo formarían cuatro divisiones alemanas de infantería trasladadas desde Dinamarca, unos 70.000 hombres, con el apoyo de una brigada de artillería, que atacarían desde el norte, en la región del Cáucaso. Otro contingente, éste de tropas búlgaras, atacaría desde el lado sur del Mar Negro y un tercero desde Kavala, en Grecia. Un cuarto ataque vendría desde el sur, Irak y Siria, en caso de que el Afrika Korps de Rommel pudiera atravesar Egipto controlado en aquel momento por los británicos. En total el plan preveía la movilización de 500.000 hombres, 210 carros de combate, 550 aviones, 3200 piezas de artillería por parte alemana más 130.000 soldados búlgaros, 40 aviones y 130 piezas de artillería.

El principal escollo para los generales alemanes, aparte de la distancia, no era el Ejército turco, sino las tropas británicas estacionadas en Irak y en Egipto. El atasco de la Wehrmacht en Stalingrado y la segunda batalla de El Alamein en el norte de África alejaron toda posibilidad de desarrollar la Operación Gertrud que fue definitivamente descartada.

Erwin Rommel

Una pieza importante de la operación Gertrud debía haber sido el mariscal Erwin Rommel, en aquellos momentos jefe del Afrika Korps, comandante del Ejército alemán destacado en el norte de África y de las fuerzas combinadas germano-italianas. Unos meses antes, en junio de 1942, Rommel había conseguido recuperar la ciudad de Tobruk, el último bastión aliado en Libia y el Afrika Korps marchaba hacia Egipto, pero un mes después, los británicos y australianos detenían su avance en El Alamein, a 100 kilómetros de Alejandría. Entre octubre y noviembre del mismo año, Rommel volvió a intentar romper las defensas británicas en El Alamein, lo que hubiera puesto Egipto en sus manos, pero un factor insalvable detuvo de nuevo su avance, la falta de suministros con las rutas marítimas cortadas por los británicos desde Malta. Definitivamente, el Afrika Korps se batió en retirada desde entonces y esa fue una de las causas para desestimar la operación Gertrud.

Operación Impensable (desde luego)

El día 8 de junio de 1945, el general Hastings Ismay, el principal asis-
tente militar del primer ministro británico Winston Churchill emitió
una nota con el epígrafe «Alto secreto» dirigida el Primer Ministro.
Era una nota de sólo seis líneas en las que se daba cuenta de que
los Jefes de Estado Mayor estaban dispuestos a hablar de la Operación «Unthinkable» (Impensable o Inconcebible) pero advertía que
cuanto menos hubiera sobre papel de aquel asunto «tanto mejor».
Churchill, un político conservador y radicalmente anticomunista,
tenía sus propias ideas sobre la colaboración con la Unión Soviética, unas ideas que se habían mostrado desde el principio intentando
incluso que las operaciones militares en Europa se adaptaran más al
futuro y no sólo a la liquidación de la Alemania nazi. Churchill había
abogado por abrir el segundo frente en los Balcanes, para evitar la
ocupación soviética del este de Europa y también había insistido en
avanzar velozmente hacia Berlín en lugar de neutralizar a las fuerzas
alemanas en Baviera y en el norte de Alemania. Llegado el fin de la
guerra y liquidada la Alemania nazi, Chruchill planteó nada más y
nada menos que continuar la lucha de los aliados anglo-americanos
contra el Ejército Rojo, su aliado desde 1941. La postura de Churchill no es tan impensable si se tiene en cuenta que hasta los años
veinte, el Reino Unido había luchado contra el gobierno bolchevique
directamente y apoyando a los rebeldes blancos y ucranianos. Tras la
conferencia de Yalta, pareció que las diferencias que pudiera haber
entre los Aliados se habían limado pero las reticencias entre Stalin y
Churchill seguían existiendo. En una conversación entre el mariscal
Zhukov y Stalin, se dice que este último dijo: «Ese Churchill es capaz
de cualquier cosa». El Primer Ministro británico, basándose en informaciones de los servicios secretos, estaba seguro de que el Ejército
Rojo se estaba instalando permanentemente en el este de Alemania,
en Checoslovaquia, Hungría, Bulgaria, Polonia y los Países Bálticos,
sin intención de abandonarlos y no hay que olvidar que la guerra
estalló por la alianza británica y francesa con Polonia. Al mismo
tiempo, todavía con la guerra abierta en oriente, Churchill temía que
Stalin, en lugar de ayudar a la derrota del Japón como había prome-

tido, terminara aliándose con ellos para mantener a norteamericanos y británicos fuera del Extremo Oriente. Fue apenas el 22 de mayo de 1945, apenas dos semanas después de la rendición de Alemania cuando Churchill presentó ante al Gabinete de Guerra un documento titulado «Rusia: amenaza para la civilización occidental». De hecho, aunque nunca lo llegaron a expresar abiertamente, los generales británicos consideraban que a Churchill se le había ido un poco la cabeza por decirlo amablemente. En cuanto a los norteamericanos, nada más lejos de sus planes que enredarse en algo como una guerra contra Stalin cuando todavía estaban inmersos en la peor parte de la guerra del Pacífico.

El plan

Churchill planteaba una rápida acción militar como un modo de «imponer a Rusia la voluntad del Reino Unido y de los Estados Unidos». El ataque a las tropas soviéticas, especialmente en Polonia, contaría con 64 divisiones norteamericanas, 35 divisiones británicas, 4 divisiones polacas, y teóricamente diez divisiones alemanas, prisioneras o ya desarmadas en aquel momento. En total unas 103 divisiones, incluidas 23 blindadas. El general Montgomery tenía ya órdenes de custodiar el armamento capturado a los alemanes con la finalidad de ponerlo a punto para una posible utilización. Los rusos, que habían llevado la mayor parte del peso de la guerra, contaban con 264 divisiones, incluyendo 36 blindadas 6,5 millones de soldados, el doble de sus «aliados» y eso sólo contando las que había en Alemania y las fronteras occidentales. Por su parte, los generales británicos veían la maniobra soviética de asentamiento en la Europa del Este, pero al mismo tiempo también venían las reticencias de la oficialidad y la tropa de aliarse con el enemigo alemán contra el aliado soviético. Siguiendo la lógica militar, el Estado Mayor veía imposible la preparación de un operativo de aquellas características con la necesaria dotación de bases aéreas y navales y a ello había que añadir la retirada de las unidades norteamericanas que eran enviadas al Pacífico para una inminente y muy difícil invasión del archipiélago japonés. Con la experiencia de la guerra que acababa de terminar, Churchill planteó también la necesidad de la defensa de las Islas británicas ante la previsible respuesta soviética si se la atacaba en el continente. Desde el punto de vista militar, la Operación Impensable nunca fue tenida en cuenta, desde el punto de vista político irritó a los soviéticos y creó las bases de la Guerra fría.

¿Alguien pensó que era posible?

Sobre el asunto de Impensable se corrió un tupido velo que sólo setenta años después se empezó a levantar. El primero de los velos destapó la postura del general Patton, el brillante comandante norteamericano de blindados que tenía como objetivo personal la llegada a Berlín el primero, como si de una carrera se tratara. Sus palabras, en una declaración pública al término de la guerra eran muy explícitas: «los políticos-soldaditos de plomo en Washington nos han permitido patearle el trasero a un hijo de puta [Hitler] y al mismo tiempo nos han obligado a ayudar a que se encumbre un segundo hijo de puta [Stalin] tan malvado o más malvado que el primero...»

Patton fue obligado a dirigir sus fuerzas hacia el sur para permitir a los rusos tomar Berlín y su postura, al final de la guerra, era la de continuar la lucha contra sus aliados. De hecho se ha llegado

Patton fue un brillante y controvertido general de blindados norteamericano que tenía como objetivo personal llegar el primero a Berlín.

a afirmar que su muerte en un accidente de tráfico en diciembre de 1945 fue un trabajo de la NKVD con la aquiescencia de Eisenhower. De la misma pasta que Patton existía otro general de gran prestigio en el ejército de Estados Unidos, Douglas MacArthur, comandante en jefe de las fuerzas de tierra norteamericanas en Extremo Oriente. Fue él y no Stalin el responsable de que el Ejército Rojo no se empleara contra los japoneses en Extremo Oriente, pues en la misma línea anticomunista de Churchill no quería ni oír hablar de que los rusos intervinieran en su teatro de operaciones. De hecho, no tardó mucho, apenas cinco años, en enfrentarse militarmente a su enemigo comunista en Corea.

Operación Alpenfestung

Un informe de la OSS (antecesora de la CIA) fechado el 28 de marzo de 1945, daba detalles de lo que parecía una instalación masiva de elementos del Gobierno y del Partido Nazi en el sur de Alemania, en Baviera, especialmente en las localidades alpinas de más difícil acceso como Töltz, Fresing y Landhust. El informe de la OSS citaba como origen de la información a la Inteligencia Francesa establecida en Suiza y daba detalles como el transporte de ingentes cantidades de alimentos desde el norte de Italia, aún controlado por la Wehrmacht y de talleres ferroviarios que, evacuados de Hungría, se estaban reinstalando en Innsbruck. Aquellos informes, tenidos muy en cuenta por el Cuartel General Aliado, venían a confirmar las informaciones, abiertas, que circulaban desde un año antes, en el sentido de que, el Gobierno alemán, los altos dirigentes del Partido y del Ejército y en general la Administración del Estado podría trasladarse a Baviera (Munich o Nürenberg) en el caso de que Berlín fuera asediado o tomado por el enemigo. La idea general que se emitía desde el Ministerio de Propaganda del doctor Goebbels era la de una resistencia numantina en la que Alemania jamás se daría por vencida y elaboró lo que bautizó como Operación Alpenfestung, una idea de resistencia en forma de guerra de guerrilla que tendría su foco en los Alpes bávaros. Ya en 1944 se intentó poner en marcha algo parecido cuando se

encargó al SS Obergruppenführer Hans Prützmann la organización
de un grupo guerrillero algo que, según muchos observadores e historiadores es casi «genéticamente» imposible en el pueblo alemán. En
una anotación en su diario una berlinesa anónima escribía: «Los alemanes no somos una nación de guerrilleros. Seguimos a un dirigente capaz de dar órdenes». El dirigente capaz de dar órdenes, Adolf
Hitler, nunca aprobó el Alpenfestung, lo consideraba uno más de los
elementos de propaganda de su fiel Goebbels y no tenía la menor intención de huir a Baviera. ¿Existió el Plan Alpenfestung? La respuesta es no, con todas las salvedades, pero los Aliados no tenían forma
de saberlo en aquel momento y era una posibilidad, desde luego. De
ahí los informes de la OSS y de ahí también una parte de la decisión
de que los ejércitos británicos y norteamericanos no corrieran hacia
Berlín, eso ya lo hacían los rusos, sino que se desviaran en parte hacia
el sur para neutralizar lo que veían como posible. Basándose en la
idea de Goebbels, el SD, el servicio de Inteligencia de las SS se dedicó
a preparar documentos falsos en torno a la instalación de búnkers,
refugios subterráneos y nuevas carreteras en los Alpes bávaros. Algunos movimientos se llevaron a cabo realmente, como el traslado de
los materiales de Peenemunde relativos a las V-2 que fueron enviados a Baviera, pero nada que ver con un plan como Alpenfestung,
sino simplemente una cuestión de seguridad pues los rusos estaban
ya muy cerca. En cuanto a la teoría de que la jerarquía nazi se des-
plazara hacia el sur con ánimo de seguir la resistencia, la realidad era
que los personajes que huían de la guerra en el norte, el oeste y sobre
todo el este lo hacían por una simple cuestión de seguridad, como las
ratas que abandonan el barco. Tal fue el caso del general Ferdinand
Schörner, a quien Hitler nombró Comandante en Jefe del Ejército y
que abandonó el Cuartel General situado en Praga para refugiarse en
el Tirol. La llegada de suministros, alimentos y unas presuntas obras
de construcción, señaladas en los informes de la OSS, eran parte de la
actividad normal de una zona a la que la guerra todavía no había llegado, al menos no como más al norte. Cuando los Aliados entraron
en Baviera se encontraron con una débil resistencia más centrada en
las ciudades controladas por el NSDAP y las SS y el general Patton,
firme partidario de correr hacia Berlín y no de distraerse en el sur,

El refugio alpino de Hitler, en Obersalzberg.

montó en cólera cuando se dio cuenta de que tenía razón. En Baviera no había ninguna resistencia.

El origen del rumor

Entre la imaginación de Joseph Goebbels y los temores de los aliados, la Operación Alpenfestung fue tomando cuerpo en aquellas últimas semanas. La idea era hacer de los Alpes bávaros un fortín en el que los restos de la Wehrmacht se atrincherarían para llevar a cabo una guerra de guerrillas. En el subsuelo debería haber un sistema complejo de fortificaciones y túneles desde los que sembrarían el terror entre los ocupantes. Los sucesivos informes de la OSS hablaban de la llegada de toneladas de víveres, suficientes para aprovisionar hasta 60.000 hombres durante dos años. Se localizaron «cabañas», caminos, montones de materiales de construcción que se achacaban siempre al Proyecto Alpenfestung todo ello con un despliegue de medios aéreos y de los servicios secretos encaminados a confirmar la sospecha. Como base del entramado se tomaba la construcción del refugio de Obersalzberg, el «nido del águila» que había sido construido para el solaz y la seguridad de Hitler y que en aquellos últimos días de la guerra se tomaba como el ejemplo de lo que los nazis estaban haciendo los Alpes. A finales de mayo de 1945, ya terminada la guerra en Europa, desde los servicios de Inteligencia aliados se seguía insistiendo en la existencia del plan Alpenfestung aunque no había ninguna evidencia de que se produjeran en la zona ataques o movimientos de tropas de ningún tipo. Para dar la razón a los que creían en esa operación estaba el maestro de obras Walter Hirsch que había participado en la construcción de Obersalzberg e insistía en que existían otras construcciones semejantes que nunca aparecieron.

¿Downfall o Manhattan?

A las 8 y15 minutos de la mañana del día 6 de agosto de 1945, un B-29 norteamericano dejó caer la bomba llamada Little Boy sobre la ciudad japonesa de Hiroshima. Se trataba de un ingenio atómico, la primera bomba nuclear de la historia, la culminación del Proyecto Manhattan que, se podría decir, se había puesto en marcha en Estados Unidos desde agosto de 1939 cuando Albert Einstein fijó su atención en los trabajos de Enrico Fermi y Leó Szilárd sobre la utilización del uranio como fuente de energía.

Esa mañana de agosto, la bomba arrasó prácticamente la ciudad de Hiroshima causando en un primer momento unos 80.000 muertos que alcanzaron los 140.000 en los días siguiente, además de la destrucción del 69% de los edificios y unas secuelas que se han alargado por más de setenta años. El proyecto Manhattan había caído con todo su peso sobre el Japón y el presidente Truman advirtió: «Si no aceptan nuestros términos, pueden esperar una lluvia de destrucción desde el aire, algo nunca visto sobre esta tierra». Eso quería decir que había más bombas en reserva y planes para seguir bombardeando Japón con ingenios nucleares en los próximos meses. Tres días después, otra bomba semejante se dejaba caer sobre la ciudad de Nagasaki y el día 12 el Emperador Hiro-Hito anunciaba su intención de rendirse a los norteamericanos, una decisión que se plasmó el día 2 de septiembre a bordo del acorazado Missouri en la bahía de Tokyo.

La posesión de aquellas primeras bombas nucleares y todo el Proyecto Manhattan en sí se había tenido en el más estricto secreto de tal modo que ni siquiera los altos mandos del Ejército y de la Armada tenían noticias de que existía o al menos de que estaba en situación de utilizarse. El final de la guerra en Europa había dejado la guerra como una cuestión centrada en Extremo Oriente, un duelo entre el Imperio japonés, totalmente a la defensiva, pero todavía con ánimo de lucha y los Estados Unidos, en la plenitud de su poderío militar y con la ayuda de los británicos. El día 21 de junio los norteamericanos consiguieron asegurar la isla de Okinawa, la primera en territorio japonés, pero ante los estrategas se planteaba probablemente la peor parte dc la guerra, la conquista isla por isla del archipiélago japonés con un ejército todavía en condiciones de defenderse y una determinación si cabe superior a la que habían mostrado en Okinawa o Iwo Jima. En el Alto Mando norteamericano, al margen de la posesión de la bomba atómica, el futuro inmediato era la Operación Downfall, la conquista del Japón que podría prolongarse, según los planes previstos, por tres años más.

Efectos de la devastación de la bomba atómica sobre Hiroshima.

Casi cuatro millones de hombres

Al igual que había sucedido durante toda la campaña del Pacífico, el mando de la Operación Downfall lo ostentaba el almirante Chester Nimitz aunque las fuerzas de tierra las mandaba el general Douglas MacArthur. Al igual que se había desarrollado en toda la campaña, Nimitz pretendía llevar a cabo la táctica del «salto» de isla en isla, pero tomando sólo aquellas que revestían importancia para el avance y dejando de lado al resto, cercadas y bloqueadas. El punto de partida para la invasión sería la isla Kyushu, todavía en manos japonesas, la más meridional del archipiélago principal donde se construirían suficientes aeródromos para concentrar 3.000 aviones que se consideraban necesarios para el bombardeo intensivo de todo el territorio. La toma de Kyushu suponía un ingente esfuerzo, una operación anfibia tan importante como la de Okinawa, aunque con la ventaja de que la flota y la aviación japonesas eran ya prácticamente inexistentes. A esta fase de la operación se la llamó Olympic y abriría el camino para una segunda fase, Coronet, que sería el desembarco en la bahía de Tokyo. En total se preveía la utilización de un millón de soldados en Olympic y un millón y medio para la segunda fase, Coronet. Naturalmente, el asalto anfibio estaría precedido por un intenso bombardeo que de hecho ya había comenzado desde los portaaviones y las islas más cercanas, Guam, Tinian y Saipán en las Marianas y la de Okinawa además de los desembarcos en Ryukyu. Se preveía que, una vez efectuada la concentración de tropas prevista, habría en aguas japonesas 32 portaaviones con 1.900 aviones en total más los 2.700 de Okinawa. El objetivo quedaba explícito en un documento del Cuartel General de fecha 28 de mayo de 1945. «Para forzar una rendición incondicional del Japón: 1) Reducir la capacidad y la voluntad japonesa de ofrecer resistencia mediante bloqueos por mar y aire, bombardeos aéreos intensivos y destrucción de la fuerza aérea y naval japonesa. 2) Invadir y tomar objetivos en el corazón industrial del Japón.» Coronet sería la responsabilidad de Mac Arthur que contaba con 25 divisiones y calculaban que precisarían más de 600.000 toneladas de suministros. El primer movimiento, la toma de Kyushu, se fijó para el día 1 de noviembre realizando también un amago de ataque a Taiwan para distraer a los japoneses. Coronet tendría lugar ya entrado 1946, probablemente en marzo, con la finalidad de partir en dos las defensas japonesas y el mando norteamericano preveía que no se controlaría totalmente el país hasta 1948. De la posible rendición incondicional ya ni se hablaba. La retórica de los dirigentes japoneses había caído ya definitivamente en la línea kamikaze y llamaba a la población a resistir a los extranjeros incluso armados con lanzas de bambú. Todos esos preparativos y esa retórica quedaron anulados en la mañana del 6 de agosto. Downfall no se llevó a cabo nunca.

El diario de Hayashi Ichizo

El Alto Mando japonés esperaba la invasión del archipiélago desde la caída de Okinawa, pero consciente de que su capacidad de defensa militar era ya mínima, decidió fomentar intensamente la utilización de los «voluntarios» kamikaze, primero a bordo de aviones pero también, una vez estos escasearan, a bordo de pequeñas embarcaciones o submarinos. Uno de estos pilotos suicidas, un joven estudiante de 23 años llamado Hayashi Ichizo dejó unas emotivas palabras en su diario antes de morir en el ataque kamikaze que efectuó el 12 de abril de 1945. «Para ser honesto, no puedo decir que el deseo de morir por el emperador es genuino, que viene de mi corazón. Sin embargo, se decidió por mí que muriera por el emperador. No tendré miedo en el momento de mi muerte. Pero sí tengo miedo de la forma en que el miedo a la muerte perturbará mi vida… incluso para una vida corta, hay muchos recuerdos. Para alguien que tuvo una buena vida, es muy difícil separarse de ella. Pero llegué a un punto de no retorno. Debo zambullirme en una nave enemiga. A medida que la preparación para el aterrizaje se aproxima, siento una fuerte presión sobre mí. No creo que pueda hacer frente a la muerte… hice mi mejor esfuerzo para escapar en vano. Entonces, ahora que no me queda elección, debo ir con valentía». El caso de Ichizo podría ser el de muchos soldados y civiles japoneses llamados a morir sin esperanza pero no demasiado diferente del ambiente que reinaba en Berlín en abril de 1945.

Operación Wintergewitter, salvar Stalingrado

En sus memorias[2], el general Eric Von Manstein escribe una frase muy clarificadora a propósito de la batalla de Stalingrado: «La razón de que perdiéramos nuestro Sexto Ejército hemos de verla, naturalmente, en el hecho de que Hitler se negase al abandono espontáneo de Stalingrado, sin duda por consideraciones de prestigio ante todo». La gran batalla de Stalingrado en la que fue eliminado el Sexto Ejército, casi 300.000 hombres, al mando del general Von Paulus, tuvo lugar entre el 23 de agosto de 1942 y el 2 de febrero de 1943. El empeño de Hitler en tomar la ciudad al borde del Volga tenía más que ver con sus paranoias y su deseo de humillar a Stalin que con las necesidades estratégicas, aunque desde luego el dominar el curso del Volga era un paso importante en el acceso a los pozos petrolíferos del sur, pero Von Manstein discrepa de cómo el Alto Mando (Hitler) planeó la ofensiva de 1942, básicamente la división de sus fuerzas en dos líneas de frente, el Cáucaso y Stalingrado, «la vastedad del frente era tal que las fuerzas disponibles en modo alguno podían bastarnos para mantenerlo». Se llegó así a finales de noviembre de 1942 cuando una gran ofensiva soviética, casi 1.100.000 soldados, 800 tanques, mil aviones y 13.000 cañones al mando de los generales Konstantin Rokossovski y Aleksandr Vasilevski rompió el frente y cercó completamente al ejército de Von Paulus.

En aquel momento, cuando todavía era posible, el OKW, Cuartel General del Ejército, ordenó la retirada del Sexto Ejército aprovechando que el cerco todavía era débil en algunos puntos, pero fue entonces cuando Hitler revocó la orden y no permitió que Von Paulus abandonara Stalingrado. En esas condiciones, el día 21 de noviembre, el general Von Manstein recibió el mando del recién creado Grupo de Ejércitos del Don con la finalidad de romper el cerco y liberar al Sexto Ejército y de ahí la preparación y puesta en marcha de la Operación Wintergewitter.

2. *Victorias frustradas*. E. Von Manstein. Altaya.

La Operación Wintergewitter o «Tormenta de Invierno» fue una ofensiva de la Wehrmacht, que trató vanamente de romper el cerco establecido por el Ejército Rojo sobre el Sexto Ejército alemán en la Batalla de Stalingrado.

El plan de Von Manstein

A pesar de la insistencia de Hitler de mantenerse en Stalingrado, el plan de Von Manstein contemplaba la ruptura del cerco para permitir que los más de 250.000 hombres de Von Paulus pudieran salir de la ciudad. La promesa de la Luftwaffe de proveerles por aire de las 500 toneladas diarias de suministros que precisaba el Sexto Ejército, eran imposibles de cumplir y Von Manstein confiaba en que el desarrollo de los acontecimientos convenciese a Hitler de abandonar Stalingrado.

El mariscal Von Manstein contaba con el Cuarto Ejército Panzer y sus 250 tanques mandados por el general Hermann Hoth y la ofensiva se puso en marcha el 12 de diciembre, pero aunque en un primer momento pareció que podía abrirse paso, rápidamente fue detenido por la contraofensiva soviética en el sector del río Chir y Von Manstein no consiguió que se le enviaran más refuerzos. Para acabar de complicar las cosas, Von Paulus se negó a atacar a los rusos en colaboración con el Cuarto Ejército y así romper el cerco. Esa acción, atacando en dirección contraria al centro de Stalingrado, argumentó Von Paulus, suponía desobedecer las órdenes de Hitler. Para complicar la situación, el contraataque soviético en la zona del río Chir hacía peligrar al Cuarto Ejército Panzer, y Von Manstein reclamó que una de sus divisiones dejara de atacar Stalingrado y acudiera a la defensa en retaguardia. Hoth no pudo oponerse a la orden y se encontró con que lo mejor de su fuerza de ataque abandonaba la ofensiva principal. Ante la falta de medios, el general jefe del Ejército Panzer ordenó la retirada y se abandonó definitivamente el plan de salvación de las fuerzas cercadas en Stalingrado.

De la victoria al hambre

Del desarrollo de la batalla de Stalingrado, más que los grandes estudios o las memorias de los generales, dan fe los diarios o los recuerdos, pocos, de los soldados de a pie, los que sufrieron la guerra en carne propia. Tales son los recuerdos de un soldado llamadoWilhelm Hoffman perteneciente a la 94ª División de Infantería del Sexto Ejército. Hoffman murió en Stalingrado, aunque no hay constancia de cuándo ni cómo, pero si se recuperaron algunos fragmentos de su diario. En uno de ellos fechado en el mes de julio de 1942, escribe: «El comandante de la compañía dice que las tropas rusas están completamente doblegadas, y no pueden aguantar más tiempo. Llegar al Volga y tomar Stalingrado no es tan difícil para nosotros. El Fuhrer sabe cuál es el punto débil de los rusos. La victoria no está lejos». Seis meses después, en diciembre, anota lo siguiente: «Ya nos comimos a los caballos. Me comería un gato; dicen que su carne también es sabrosa. Los soldados parecen cadáveres o lunáticos, en busca de algo que poner en sus bocas. Ya no se cubren de los ataques rusos; no tienen fuerza para caminar, correr o esconderse. ¡Maldita sea esta guerra!»

Chungking, algo más que una operación

Entre el 25 y el 31 de diciembre de 1949 tuvo lugar en la ciudad rusa de Jabarovsk un juicio por crímenes de guerra contra varios oficiales japoneses acusados de la utilización de armas biológicas en la llamada Segunda guerra chino-japonesa, que tuvo lugar en China entre 1937 y 1945. El fiscal encargado de la acusación era el abogado Lev

Smirnov que ya había actuado en Núremberg contra médicos nazis acusados de experimentos con prisioneros en los campos de concentración de Auschwitz y Dachau. En el juicio de Jabarovsk, a preguntas de Smirnov, uno de los acusados, Kiyashi Kawashima, declaró que en 1941, el Escuadrón 731, la unidad secreta japonesa encargada de la guerra bacteriológica, había lanzado pulgas contaminadas con la bacteria de la peste bubónica sobre la localidad china de Changde, centro de resistencia del Ejército Nacional chino. La enfermedad se había extendido por la ciudad y el campo sin que nadie supiera exactamente cómo se había producido y causó unas 7.000 muertes entre los seres humanos y una gran mortandad entre el ganado. Tres años después, el 2 de noviembre de 1943, los japoneses ocuparon la ciudad en el curso de la llamada Operación Chunking o invasión de la provincia de Sichuan, que tenía como objetivo acabar con la resistencia del Ejército Nacional, la principal fuerza de resistencia contra la ocupación japonesa dirigida por el Kuomintang, el partido nacionalista de Chiang-Kai-Chek. Al entrar los japoneses en la localidad, sus soldados la incendiaron en parte como represalia por la resistencia y en parte como medida profiláctica pues la enfermedad, consideraron, podía estar todavía presente. La batalla en torno a Chandge, que fue llamada «el Stalingrado de Extremo Oriente» se prolongó hasta el 20 de diciembre de ese año en que fue recuperada por los chinos, totalmente destruida, tras la retirada japonesa.

La invasión de la provincia de Sichuan, llamada Operación Chungking, dentro de la cual estuvo el asalto a Chandge, fue uno de los operativos más importantes de la larga guerra chino-japonesa y el fracaso más sonado del Ejército Imperial japonés que no pudo conseguir su objetivo de liquidar la resistencia del Kuomintang tomando sus Cuarteles Generales establecidos en la provincia de Sichuan. Durante un año, entre marzo de 1942 y marzo de 1943 se produjo el ataque principal pero la operación, en retroceso, se alargó hasta finales de 1943 en que fue abandonada definitivamente. Las causas de la derrota japonesa y el fracaso de la operación fueron por un lado la fuerte resistencia china, que llegó a acumular el 90% de bajas en las fuerzas empleadas, y por otro la derrota japonesa en Guadalcanal que obligó a retirar tropas de China para sustituir las perdidas en el Pacífico.

El Plan japonés

Según todos los indicios, el plan japonés no era simplemente liquidar
la resistencia militar de Chang-Kai-Chek sino la de terminar definitivamente con la guerra en China planteando varias posibilidades.
Una de ellas era la de poner en Chungking un gobierno títere como
había hecho en Manchuria, otra era la de convencer al dirigente del
Kuomintang para unirse a la causa japonesa y dejar la alianza con los
occidentales y una tercera era la de simplemente, ocupar la provincia
y colocar a un gobernador japonés para controlar el territorio que
podría extenderse después hacia el Tibet.

El plan se puso en marcha y durante un año, el Ejército japonés
hizo todos los esfuerzos por conseguir su objetivo, pero la marcha
de las operaciones en el Pacífico hizo que la operación resultara imposible.

A primeros de marzo de 1942, la aviación japonesa inicio el bombardeo masivo de la ciudad de Chungking, al tiempo que los servicios de información chinos detectaban la llegada de un importante
contingente japonés desde Manchukuo (Manchuria) y desde el Japón. Todo hacía indicar que los japoneses iniciaban un movimiento de ataque masivo contra el Ejército Nacional del Kuomintang.
Efectivamente, se produjo el ataque desde tres frentes, Shanxi en el
norte, Hubei en el centro y Hunan en el sur además del avance de
unidades de la Armada por el río Yang-Tse. El primer paso sería la
ocupación de Wanxian (actualmente Wanzhou) a orillas del Yang-
Tse desde donde se lanzaría el ataque principal hacia Chungking en
dos frentes, uno a través de Xian y otro por Chendgu. Finalmente,
entre el 12 de mayo y el 3 de junio de 1943 tuvo lugar la decisiva
batalla deWest Hubei en la que el Ejército japonés resultó derrotado
por los nacionalistas chinos con el apoyo aéreo de la 14ª Fuerza Aérea de los Estados Unidos, más conocida como los Tigres Voladores.
Algunas versiones de la batalla afirman que en realidad los japoneses
se retiraron sin presentar batalla en ningún momento y que lo que
sí hicieron fue una espantosa matanza de civiles, unos 30.000, en la
zona de Changijao en la provincia de Yunan.

El caso de la unidad aérea conocida como Tigres Voladores
fue uno de los casos más interesantes de «operación encubierta» desarrolladas durante la guerra. El origen estuvo en el estallido de la guerra chino-japonesa de 1937 y en su desarrollo,
nefasto para los chinos, hasta 1940 en que la destrucción del
país, de su industria, su ejército y sus comunicaciones era casi
total. Chang-Kai-Chek, dirigente de la República China y del
partido dominante, el Kuomintang, pidió entonces ayuda a
Estados Unidos, sobre todo aérea para poder contrarrestar el
dominio total del cielo por parte de los japoneses. La respuesta
norteamericana fue una operación encubierta puesta bajo la
cobertura de la Ley de Préstamo y Arriendo. Al amparo de dicha ley, el Gobierno de Estados Unidos otorgó al chino unos
50 millones de dólares en 100 aviones Curtis P-40 y unos 300
hombres entre pilotos, mecánicos y personal de mantenimien-
to. Todo ese personal fue comandado por el general de aviación Claire Lee Chennault y todos ellos dados de baja de las
Fueras Aéreas para el caso en que fueran hechos prisioneros
por los japoneses. Todo el personal norteamericano recibió
una generosa paga más alta que la de los pilotos regulares y ese
fue el motivo de que muchos voluntarios de la Fuerza Aérea,
de la Marina y del Cuerpo de Marines fueran engrosando la
unidad a la que los chinos dieron el nombre de Tigres Volado-

res después de verlos combatir a los aviones japoneses. El primer combate «oficial» del grupo tuvo lugar el 20 de diciembre de 1941, aunque ya habían participado irregularmente en numerosos enfrentamientos con la aviación japonesa sobre cielos de China. Poco después la unidad fue integrada en la USAAF con el nombre de 23º Grupo de Caza aunque operaron hasta el fin de la guerra con una autonomía notable.

Operación Brevity

El 22 de diciembre de 1942 fallecía en el Hospital Militar de Chorley Park de Toronto, Canadá, el teniente coronel de la Wehrmacht Wilhelm Georg Adam Bach, prisionero de guerra desde el 17 de enero del mismo año en que había sido capturado por los británicos en el paso de Halfaya, en la frontera entre Egipto y Libia. Bach había sido hecho prisionero durante el enésimo ataque efectuado por el XI Regimiento de Húsares británico para recuperar el estratégico paso que finalmente había quedado en su poder. El teniente coronel había eliminado once de los doce carros blindados que atacaban su posición utilizando como antitanque un cañón de 88 milímetros. Tras su captura fue enviado desde Halfaya primero a un campo de prisioneros en Sudáfrica y posteriormente a Canadá cuando se detectó que estaba enfermo de cáncer. En el Hospital de Chorley Park se le sometió a una intervención quirúrgica, pero nada se pudo hacer para salvarle la vida.

La lucha por el paso de Halfaya había tenido un preludio los días 15 y 16 de mayo de 1941 dentro de la Operación Brevity, un intento de «guerra relámpago» de los británicos para ocupar dicho paso, en manos del Afrika Korps y levantar el sitio de la localidad de Tobruk, en Libia, cercada por los alemanes. La idea de dicha operación era obra del general Archibald Wawell, Comandante en Jefe del Ejército británico en el Medio Oriente, quien pretendía aliviar la situación de las fuerzas británicas sitiadas en Tobruk desde el 10 de abril. Al mismo tiempo, el objetivo de Wawell era eliminar el mayor número posible de fuerzas italianas y alemanas consciente de las dificultades de las potencias del Eje para mantener los suministros y los refuerzos a través del Mediterráneo. La decisión de la Operación Brevity, con escasas fuerzas y una previsible fuerte resistencia alemana, la tomó el general Wawell presionado por Winston Churchill, pero aquel confiaba en su superioridad en carros de combate y en el punto débil que representaban las fuerzas italianas. El paso de Halfaya, fundamental en el avance hacia Tobruk, estaba defendido únicamente por una unidad de infantería alemana en motocicletas, sin armas pesadas y un regimiento de Bersaglieri italianos, una unidad de élite también motorizada.

El Sitio de Tobruk fue un asedio impuesto por las Fuerzas del Eje durante 240 días sobre la población y la fortaleza aliada de Tobruk en 1941, en el contexto de la Segunda Guerra Mundial.

Un plan sencillo

El plan del general Wawell era sencillo en su concepción, la toma del paso de Halfaya desde donde ocuparía las regiones adyacentes de Sollum y Capuzzo desplazando de allí al Afrika Korps y desde allí avanzar hacia Tobruk, aunque aquello sería ya una segunda fase. Las fuerzas en litigio, mandadas por el general William Gott, sería la 22ª Brigada de Fusileros de la Guardia y parte de la 7ª División Acorazada con 29 tanques de crucero del Segundo Regimiento y 24 tanques de infantería del Cuarto Regimiento. La RAF colaboraría en el ataque con todos sus cazas disponibles, medio centenar aproximadamente y una pequeña fuerza de bombarderos. El avance se realizaría con tres columnas paralelas, la de la izquierda, en pleno desierto formada por la 7ª División; la del centro por dos batallones de infantería, el Durham de Infantería Ligera y el 2º de Guardias Escoceses más los tanques de infantería del Cuarto Regimiento y la tercera, a lo largo de la costa, compuesta por un batallón de la Brigada de Fusileros y el 8º regimiento de artillería de campaña. El avance se inició a las 6 de la mañana del 15 de marzo y aunque los alemanes no conocían con exactitud los planes, Rommel sabía que los británicos habían pedido informes meteorológicos para la mañana de ese día, lo que le indujo a pensar que eso anunciaba un movimiento de tropas importante. Las defensas alemanas estaban ya reforzadas y sorprendentemente el regimiento de Bersaglieri italianos resulto un hueso difícil de roer para los atacantes. A media mañana, con grandes pérdidas, los británicos habían conseguido tomar el paso de Halfaya, pero ya Rommel había reaccionado y enviado refuerzos rápidamente y poco antes de las tres de la tarde había recuperado la posición de Fort Capuzzo, el punto más importante de Halfaya. Mientras tanto, los alemanes habían conseguido detener el avance de la columna en la costa y contraatacaban en el sur, en el desierto por lo que el general Gott consideró necesario retirar sus fuerzas de Halfaya antes de que fueran cercadas. A las 2,30 de la madrugada del día 17, los tanques e infantería de la Operación Brevity estaban de regreso a sus bases de partida sin lograr sus objetivos. La Operación había fracasado.

El paso de Halfaya fue uno de esos puntos estratégicos que durante meses estuvo pasando de unas manos a otras, la de las fuerzas del Eje y las Aliadas, en una serie de acciones algunas veces incluidas en Operaciones de envergadura y otras en golpes de mano independientes. Una de estas acciones tuvo lugar en la primera quincena de enero de 1942 cuando los británicos, australianos y franceses lanzaron un ataque para el control del paso. El día 17, la guarnición de 6.000 hombres al mando del general italiano Fedele de Giorgis, de la que formaba parte el teniente coronel Wilhelm Bach, se rindió poco antes de que los Aliados lanzaran un ataque final contra una guarnición muy mermada y casi sin munición. Wilhelm Bach, que había sido pastor de la iglesia luterana, mandaba el batallón de infantería alemán incluido en los efectivos de Halfaya.

Operación Salvar Dinamarca o casi...

El 4 de mayo de 1945, cuatro días antes de la rendición de Alemania, el mayor general del Ejército sueco Carl August Ehrensvärd tenía ante sí un documento que requería su firma como Jefe de la Defensa sueca. El documento en cuestión era una operación militar que llevaba el explícito nombre de Save Denmark (Rädda Danmark en sueco) y no era otra cosa que la invasión de Dinamarca, todavía ocupada por el Ejército alemán. Las bases de Save Denmark se habían establecido ya en la Navidad de 1943 con la intención de ocupar el este del país y la isla de Bornholm, la más oriental de las islas danesas en combinación con el ataque de norteamericanos y británicos a la zona occidental. A tal fin, el general de la USAAF Frederick Anderson había viajado una semana antes a Estocolmo para entrevistarse con Per Albin Hansson, primer ministro sueco y acabar de concertar el alineamiento de la neutral Suecia con los aliados. Suecia se había mantenido neutral durante toda la guerra principalmente por su escasa capacidad defensiva y también por el hecho de sentirse amenazada tras la invasión soviética de Finlandia, la alemana de Dinamarca y

Tropas alemanas durante la invasión de Dinamarca.

la explícita amenaza de los Aliados en 1940 de invadir el país si llegaba a acuerdos con Alemania. Las razones para entrar en guerra e invadir Dinamarca eran obvias. Por un lado la íntima relación entre ambos países que había provocado un sentimiento de traición hacia Dinamarca entre los suecos y por otro la posibilidad de que fuera el Ejército Rojo soviético el que entrara en Dinamarca en aquellos días finales de la guerra. Las fuerzas alemanas en la zona oriental del país la componían unos 20.000 soldados estacionados allí desde 1940 y por tanto poco acostumbrados a combatir y con apenas conflictos con la población civil, aunque en aquel momento acababan de recibir también la Orden Nerón y existían planes para bloquear el puerto de Copenhague y destruir comunicaciones e infraestructuras del país. Por parte soviética no existían planes de intervención en Dinamarca, pero eso era algo que no podía ser descartado y el general Ehrensvärd firmó la orden para la Operación Rädda Danmark.

Principio y final
Como era lógico, la concentración de tropas suecas se produjo en la provincia de Scania, frente a las costas danesas e incluyó soldados daneses instalados o reclutados en Suecia desde la ocupación alemana de Dinamarca. Se preveía una primera oleada de 6.000 hombres,

paracaidistas e infantería que desembarcarían en las islas de Zelandia y Bornholm apoyados por la artillería costera que tenía a su alcance las costas danesas y por los acorazados *Oscar II* y *Tapperheten*. Su fuerza aérea con 800 aparatos en servicio, se concentró también en Scania y sus pilotos y personal, en especial los del Regimiento F-19, tenían amplia experiencia de combate por su implicación en la guerra de Finlandia contra los soviéticos. El día de inicio de la operación se fijó en el 18 de mayo, pero todo se precipitó con el suicidio de Hitler y la rendición de Berlín el día 2 de mayo. Las tropas alemanas en Dinamarca apenas si tenían capacidad combativa y menos aún moral de resistencia. Por parte de los Aliados la guerra aún no había terminado así que el general Montgomery entró en Dinamarca el día 5, tres días antes de la rendición incondicional. La Operación Rädda Danmark ya no era necesaria y fue suspendida.

Un caso danés

La ocupación de Dinamarca por los nazis fue, al menos, un tanto atípica hasta finales de 1942. Hasta esa fecha, el régimen nazi, tal vez por identidad «racial», porque no había encontrado resistencia y porque no quería abrir otro frente, no se empleó a fondo con los daneses y de hecho les permitió seguir su vida normal incluso con Gobierno propio y sin inmiscuirse en sus asuntos cotidianos. Los daneses se limitaron al principio como se diría ahora, «a pasar de todo» y sólo una ínfima minoría se alineó con los ocupantes, el Partido Nacionalsocialista Danés que sacó apenas el 2% en las elecciones durante la ocupación. De las filas de ese partido salieron la mayor parte de los miembros de la Hilfspolizei, la policía colaboracionista que sería sustituida por la Gestapo a partir de 1943. Supuestamente, entre los miembros de esa Hilfspolizei habría estado el escritor Sven Hassel, autor de infinidad de exitosas novelas sobre la guerra y que terminó sus días como ciudadano español, en Barcelona, en el año 2002. Según su biografía oficial, Sven Hassel, nacido como Børge Willy Redsted Pedersen en Frederiksborg, Dinamarca, en abril de 1917, había emigrado a Alemania en busca de trabajo y tras pasar por la marina mercante se alistó en el Ejército alemán en 1937 donde le obligaron a adoptar la nacionalidad alemana. Enviado a un batallón de castigo por su mal comportamiento recorrió los frentes de Polonia, Francia y Rusia. Finalizada la guerra, siempre según su biografía oficial, pasó por varios centros de detención donde empezó a escribir y publicó en 1953, su primera novela, *Batallón de castigo* un éxito arrollador. Le siguieron *Los panzers de la muerte* y *Camaradas del frente* todas ellas grandes éxitos a los que siguieron una decena más con el seudónimo de Sven Hassel. En 1964, ya como escritor de éxito, se instaló en España donde vivió hasta el fin de sus días. Su biografía oficial fue cuestionada por el nazi danés Erik Haaest que le acusó de ser un mentiroso empezando porque nunca, afirma Haaest, había escrito una letra, y que era su esposa Dorthe Jensen la que había escrito sus novelas. Según Haaest, Sven Hassel nunca estuvo en el frente y sus novelas son todo imaginación (claro que se supone que las novelas son imaginación) pero lo que los críticos y analistas parecen coincidir es que desde luego no hay mucho de verdad en la autobiografía de Sven Hassel, aunque teniendo en cuenta que Erik Haaest también niega la autoría del *Diario* de Ana Frank y de paso niega el holocausto.

2.

Por mar

Un absurdo llamado «Operación Verde» y su alter ego

A mediados de 2013, la casa de subastas Mullock's de Londres sacó a la venta en una gran sala del hipódromo de Ludlow Racecourse, un documento insólito y desconocido hasta el momento, el dossier original de un plan de la Alemania nazi llamado «Militar geographische Angaben uber Irland» o lo que es lo mismo «Información geográfica militar sobre Irlanda». Se trataba de la base de algo llamado «Operaciòn Verde», los planes del Alto Mando alemán para la ocupación de la isla de Irlanda, paralelo al plan conocido como «León Marino», la invasión de Gran Bretaña. El dossier, propiedad de una familia alemana que lo había conservado desde el final de la guerra, consistía en mapas detallados, fotografías y postales del país y notas sobre los objetivos concretos y las fuerzas alemanas que debían ser empleadas.

El caso de Irlanda, en conflicto con el Reino Unido desde principios del siglo xx, resultó muy contradictorio desde el momento en que estalló la guerra en Europa y la «Operación Verde» era sólo uno de los detalles que hacían más complicada la relación entre el Estado Libre de Irlanda, el Reino Unido y la Comunidad Británica de Naciones de la que Irlanda formaba parte. El plan alemán, formulado en agosto de 1940 por el mariscal de campo Theodor von Bock, preveía el envío de 50.000 soldados, la mayor parte embarcados, aunque con un contingente de paracaidistas, y fijaba el desembarco en una línea de la costa irlandesa, entre Dunvargan y Waterford, al sur de la isla. Von Bock lo veía viable, siempre y cuando la Marina fuera capaz de llevar a la fuerza hasta Irlanda y la Luftwaffe pudiera cubrir el ataque. Teniendo en cuenta la gran superioridad de la Royal Navy y su control del Mar de Irlanda y del Canal de La Mancha, el plan se mostró inmediatamente como inviable aun contando con los puertos franceses recién ocupados tras la firma del armisticio con Francia. Consultado el almirante Raeder, comandante en jefe de la Kriegsmarine, éste desaconsejó la operación calificándola de inviable, como también lo hizo con la Operación León Marino, básicamente por la incapacidad de la Luftwaffe para eliminar a la RAF. En ambos casos su consejo fue atendido. La Operación Verde fue desestimada.

¿Y qué pasa con Irlanda?

La postura irlandesa, difícil como ya se ha dicho, pretendía ser clara desde el primer momento y así lo quiso el Primer Ministro irlandés Éamon de Valera cuando, nada más estallar el conflicto, declaró neutral al Estado Libre de Irlanda. El caso es que, todavía como miembro de la Comunidad Británica de Naciones, el anuncio era una incongruencia, como también lo era el hecho de que la provincia del Ulster, Irlanda del Norte, seguía siendo británica y sus fronteras estaba totalmente abiertas al Estado Libre de Irlanda. Esa declaración de neutralidad implicaba que los británicos no podían utilizar para acciones de guerra los puertos irlandeses de Lough Swilly, Bearehaven y Cobh que habían quedado bajo su jurisdicción en cumplimiento del Tratado entre irlandeses y británicos de 1921 pero que ya habían pasado a control irlandés, aunque podían ser usados, teóricamente, por la Royal Navy. Al mismo tiempo, la ley llamada de Emergencia, aprobada por el Parlamento irlandés, daba plenos poderes a De Valera que negoció con el embajador alemán en Dublín, el respeto de los alemanes al territorio irlandés y al comercio entre Irlanda y el Reino Unido. La incongruencia de estas medidas se complicaba aún más con la actuación del IRA (Ejército Republicano Irlandés) que, en plena guerra, tenía contacto con la Abwehr, seguía realizando atentados contra los ingleses y era reprimida por el Gobierno de Dublín. Cuando en octubre de 1940 los alemanes cancelaron la Operación León Marino, el desembarco en Gran Bretaña, se dirigieron de nuevo al gobierno irlandés, presidido por De Valera, para intentar que abandonaran su neutralidad y permitieran la ocupación de la isla y el uso de sus puertos y aeródromos para seguir combatiendo contra Inglaterra, pero De Valera se negó a pesar de que los alemanes le tentaron con el «regalo» de Irlanda del Norte y de que, en el fondo, pensaba que para ellos era más peligrosa Inglaterra que Alemania. De esa época quedó una lapidaria frase de Winston Churchill: «the so-called neutrality of the so-called Eire» (la, por así decirlo, neutra-lidad de la, por así llamarla, Irlanda).

De hecho, los soldados británicos que iban a parar a Irlanda, bien fueran prisioneros que llegaban en buques alemanes, náufragos o pilotos derribados, eran devueltos a Inglaterra discretamente, los buques de transporte militares Aliados circulaban libremente por sus aguas y se perseguía a los miembros del IRA sospechosos de tratos con el servicio secreto alemán. Al mismo tiempo, De Valera mante-nía abiertas las embajadas de Alemania y Japón como muestra de neutralidad.

Otro punto de conflicto fue el caso de Belfast, la capital de Ir-landa del Norte. Para los irlandeses, el Ulster seguía siendo parte de la «nación» irlandesa a pesar de la «ocupación» británica y por tanto consideraban que esa parte de la isla era tan neutral como el Estado Libre de Irlanda. Por esa razón cuando el 7 de abril de 1940 la Luftwaffe bombardeó los astilleros Harland y Wolff de Belfast, causando nueve muertos y varios heridos, el Gobierno de De Valera protestó enérgicamente ante el embajador alemán. Belfast no tenía ningún sistema defensivo, ni artillería antiaérea ni aviones de la RAF que defendieran su espacio aéreo y los alemanes no entendían nada. Una semana después, el martes 15 de abril, la aviación alemana vol-vió a atacar Belfast, del mismo modo que estaba atacando Londres. Esta vez el ataque fue devastador con más de 1.000 víctimas y la destrucción de la mitad de las viviendas de la ciudad con más de 100.000 damnificados. Desde Belfast solicitaron la ayuda del Estado Libre de Irlanda y De Valera envió bomberos desde diversas ciudades para ayudar a Belfast y protestó de nuevo ante el Gobierno alemán. Eso sí lo entendieron los alemanes como una actitud hostil y el día 30 de mayo la Luftwaffe bombardeó las afueras de Dublín causando

Bombardeo de la ciudad de Londres durante la Segunda Guerra Mundial.

38 muertos. Este hecho fue otro de esos acontecimientos caóticos en-
redados en la situación peculiar de Irlanda. Loa alemanes adujeron
que aquel ataque había sido un error de navegación de sus pilotos,
incluso el embajador alemán en Dublín llegó a decir que los aviones
eran aparatos alemanes capturados y pilotados por tripulantes ingleses. Finalizada la guerra se dijo que un «invento» de las defensas
inglesas había distorsionado los parámetros de navegación de los alemanes haciendo que se perdieran y soltaran sus bombas por error.

El plan W

Como era de esperar, también el Reino Unido tenía sus propios planes sobre Irlanda en caso de que los alemanes la amenazaran, por las
buenas o por las malas. El Plan W se gestó entre los gobiernos británico e irlandés pues este último, a pesar de sus diferencias, no estaba
dispuesto a permitir un desembarco alemán. El llamado Plan W sen-
tó sus bases el día 24 de mayo de 1940 cuando la guerra parecía vivir
un impase, tras la ocupación de Noruega y Dinamarca por parte de
la Wehrmacht. Ese día hubo una reunión en Londres entre el Ministro de Asuntos Exteriores irlandés Joseph Walshe, el coronel Liam

Archer, jefe de Inteligencia del Ejército irlandés y altos oficiales del Ejército, la RAF y la Royal Navy británica que confeccionaron un plan de acción. Cuatro días después, tras una reunión en Dublín con altos responsables irlandeses, se acordó la aprobación del plan, que llevaría el nombre de W y que básicamente supondría la intervención del contingente de soldados británicos estacionados en el Ulster, una división de infantería y una brigada de Royal Marines, en el caso de que los alemanes intentaran desembarcar en Irlanda. El plan preveía la total colaboración del Gobierno irlandés, pero también consideraba la posibilidad de que «elementos hostiles» (el IRA desde luego) atacara a los soldados británicos en el caso de que entraran en Irlanda. Al tiempo que se elaboraban los planes de acción de las tropas británicas, también el Ejército irlandés se preparaba para la lucha contra los invasores alemanes. La acción principal fue la creación de unidades móviles para cubrir los previsibles lanzamientos de paracaidistas y posteriormente se dispusieron dos divisiones de infantería desplegadas en toda la zona sur de la isla. La evolución de la guerra en el continente hizo que finalmente, en 1942, se abandonaran los planes conjuntos de británicos e irlandeses.

El padre del plan

El plan tuvo, no obstante, un padre, el hombre de cuyas ideas sobre el engaño y el trabajo secreto salió W. Este hombre fue el brigadier Dudley Wrangel Clarke, uno de esos personajes del Ejército británico que han pasado a la historia de la guerra secreta con el mundo entero como escenario de sus hazañas. Clarke fue el en cargado de planear la defensa de Irlanda ante un posible ataque alemán basándose en las operaciones encubiertas, en la guerra de guerrillas y en los comandos y fuerzas especiales. Nacido en Johannesburg (Sudáfrica), en 1899, viajó a Londres desde muy pequeño y allí pasó su infancia. Dudley era hijo de Ernest Clarke, colono en Sudáfrica, que había participado en las guerras boer, concretamente en la llamada incursión de Jameson contra el Transvaal holandés en 1895. El joven Clarke estudió en la escuela pública de Charterhouse e ingresó en la Royal Military Academy de Woolwich en mayo de 1916, con solo 17 años. Seis meses más tarde era ya comisionado en la Artillería Real pero no pudo

servir en el frente francés por ser menor de edad y fue transferido al
Royal Flying Corps, el antecedente de la RAF, sirviendo como piloto
en Egipto. En el periodo de entreguerras sirvió en Palestina y fue allí
donde se especializó en la lucha clandestina contra la guerrilla. En
1939, ya como teniente coronel, trabajó intensamente en operaciones secretas y se destacó en la creación y preparación de comandos
y fuerzas especiales, el SAS y los Rangers norteamericanos. Como
agente secreto, infiltrado en Portugal y en el norte de África tomó
parte en infinidad de operaciones y se le consideró un experto en el
engaño, la contrainteligencia y contrainformación, creando verdade-
ros quebraderos de cabeza para la inteligencia alemana. Se hicieron
famosas sus andanzas como supuesto corresponsal de guerra disfra-
zado de mujer en Lisboa y en Madrid. Al término de la guerra, Clarke se dedicó a la literatura, escribiendo infinidad de relatos sobre la
guerra, aunque no pudo publicar muchos de ellos ateniéndose a la
Ley de Secretos Oficiales. Murió el 7 de mayo de 1974 en Londres
donde vivía retirado y con total discreción.

Una derivación del Plan Verde diseñado por los alemanes para
la ocupación de Irlanda, fue el llamado Plan Kathleen y que
no era otra cosa que la invasión del Ulster, Irlanda del Norte
por una fuerza conjunta del IRA y la Wehrmacht. El plan fue
diseñado por Liam Gaynor, un miembro del IRA y fue Stephen
Hayes, jefe del Estado Mayor del IRA el encargado de llevarlo a Berlín para obtener el apoyo alemán, en especial dinero y
armas para el movimiento irlandés. Esencialmente el plan consistía en un desembarco anfibio en las proximidades de Derry, a
semejanza del efectuado por los alemanes en Narvik, combinado con un alzamiento de las fuerzas del IRA infiltradas desde
Irlanda. Según Hermann Görtz, el agente de la Abwehr encargado de valorar el plan, éste no daba detalles de cómo obviar el
dominio británico de las aguas del Canal y del Mar de Irlanda,
el mismo problema que tenía la Operación Verde y la Operación
León Marino y desde luego tampoco había ninguna garantía

de que las fuerzas del IRA fueran capaces de cubrir sus objetivos en el condado de Leitrim y en el Bajo y Alto Lough Erne, fuertemente defendido por los británicos. A mediados de mayo, Görtz fue lanzado en paracaídas en Irlanda para entrevistarse con Hayes, pero de las conversaciones sólo salió la seguridad de que Kathleen era inviable y en el informe pertinente, Görtz manifestó que si bien había esperado un personaje como Leon Degrelle o los líderes nacionalistas ucranianos, completamente entregados a la causa nazi, en Hayes no vio nada parecido y sí mucha inseguridad. «En el Ulster no se conseguirá nada por iniciativa del IRA», manifestó en su informe.

Águila Pescadora, o casi

De todas las operaciones clandestinas preparadas por alemanes o británicos en Europa, la Operación Águila Pescadora, una operación de resistencia y guerrilla organizada, fue tal vez la mejor diseñada, aunque tampoco llegaría a ponerse en práctica por diversas razones.

El principal motivo por el que era una operación bien diseñada y organizada era la personalidad del encargado de ponerla en marcha, Walter Schellenberg, segundo jefe en el SD, el servicio de Inteligencia de las SS y encargado del contraespionaje en Alemania y los territorios ocupados. Desechada la llamada Operación Verde, la ocupación de Irlanda, la preocupación por el papel del Estado Libre, teóricamente neutral, era omnipresente en el Cuartel General (Hitler en persona) pero los informes del jefe de la Abwehr, Wilhelm Canaris, eran muy claros en un aspecto: el IRA, el teórico aliado de los alemanes en Irlanda o en el Ulster era absolutamente inoperante y no se podía confiar en él para nada. De ahí salió la idea en el propio Hitler de la Operación Águila Pescadora.

Todo empezó cuando un contingente de soldados norteamericanos desembarcó en Belfast, en enero de 1942, aunque hacía semanas que hombres vestidos de paisano y con acento americano se paseaban por las calles de Belfast y Londonderry. Fueron apenas unos miles, y su número en el Ulster fue aumentando poco a poco hasta llegar a los 300.000, pero mientras esa acumulación de tropas era sólo un paso previo antes de su llegada a Gran Bretaña y posteriormente en su envío al continente tras la Operación Overlord, los alemanes temían que se tratara de un primer paso para ocupar el Estado Libre de Irlanda. Así pues, el Führer en persona encargó a Walter Schellenberg una operación clandestina para contrarrestar el previsible ataque aliado contra la República de Irlanda. De inmediato, Schellenberg se puso a la tarea de preparar comandos, tropas de élite que en su momento serían infiltrados en Irlanda para actuar como guerrilla contra británicos y norteamericanos, algo que el servicio secreto alemán sabía perfectamente que el IRA sería incapaz de hacer. En varios campos en Alemania y en Francia, los soldados, escogidos en unidades de élite, fueron entrenados en operaciones especiales aprendiendo el inglés hablado en Irlanda, acciones de sabotaje, defensa personal, métodos de comunicación clandestina y todo lo referente al armamento británico del que les proveería supuestamente el IRA. La idea era infiltrar a toda esa fuerza en Irlanda tan pronto se produjera la invasión por parte de los Aliados y convertirse en una fuerza de resistencia interior. El detalle más importante de esta Operación, diferente a otras diseñadas con anterioridad, era que en este caso serían soldados alemanes los encargados de la lucha y no elementos irlandeses entrenados o armados por Alemania. Con los nacionalistas irlandeses, enfrentados al Imperio británicos, sólo contarían como fuerza de apoyo, pero pasaron los meses y poco a poco quedó claro que los norteamericanos no tenían intención de ocupar Irlanda y finalmente, la Operación Águila Pescadora fue abandonada.

Operación León Marino, el gran fiasco

«Dado que Inglaterra, a pesar de su situación militar desesperada, sigue sin dar señales de querer pactar, he decidido preparar una operación de desembarco, y, si es necesario, llevarlo a cabo. Tiene por finalidad eliminar el territorio metropolitano inglés como base de operaciones contra Alemania y, si fuera necesario, su completa ocupación». Esta es la Normativa nº 16 firmada por Adolf Hitler el día 16 de junio de 1940 pero no es necesario un gran esfuerzo para leer entre líneas las dudas y los considerandos presentes en un documento tan importante y tan lejano del carácter agresivo, histérico y obcecado de Hitler. «Si es necesario», «si fuera necesario» son frases que denotan la esperanza de Adolf Hitler de que Inglaterra ceda finalmente y firme una paz semejante a la que ha firmado Francia tras la rendición. Esa «operación de desembarco» y la posible «completa ocupación» recibió el nombre de Operación León Marino.

Tras la ocupación de Francia, el general Alfred Jodl, jefe del Departamento de Mando y Operaciones en el OKW, el Cuartel General de la Wehrmacht, escribió un informe que sería la base para la futura invasión de Gran Bretaña. El informe llevaba el nombre de «La continuación de la guerra contra Inglaterra» y contenía tres opciones claramente definidas y algunos considerandos que a la larga resultaron acertados. La primera opción era la de efectuar un bloqueo económico que, obviamente, requería un dominio naval claramente desfavorable a la Kriegsmarine; la segunda era la implementación de una acción calificada como «terrorista» y que sería la de atacar los centros de población y de producción con operaciones de comando y la tercera la de un desembarco para el que Jodl requería el dominio del cielo por parte de la Luftwaffe. El día 2 de julio el OKW emite un comunicado que dice textualmente: «El Führer, comandante supremo, ha decidido que el desembarco es posible si se consigue una superioridad aérea y se realicen ciertas condiciones. Los preparativos deben comenzar inmediatamente». La decisión de Hitler sigue siendo ambigua pues el Führer aún confía en que Inglaterra cederá y firmará la paz e incluso rechaza la ayuda que Mussolini le ofrece para el desembarco en Gran Bretaña. Los acontecimientos se van precipitando y el día 15 de julio, después de que la prensa británica anuncie que tropas alemanas están estacionadas en el Canal, frente a las costas británicas, el OKW da orden de concentrar trece divisiones en tres bases situadas en la zona de Cherburgo, en la de Le Havre y en Calais, en total 90.000 hombres y 650 tanques a las órdenes del general Karl Rudolf Gerd von Rundstedt. El grupo de asalto más importante lo componen seis divisiones de infantería al mando del general Ernst Busch que deberán embarcar en Calais. El grupo de Le Havre, al mando del general Adolf Strauss lo componen cuatro divisiones y el de Cherburgo tres divisiones al mando del general Von Reichenau. Los objetivos son establecer dos frentes de avance, el primero desde Ramsgate hasta la isla de Wright con el objetivo de Londres y el segundo la zona entre Lyneregis y Welmouth para llegar a Bristol. Tras esa primera fase llegaría una segunda que consistiría en establecer una línea entre Gloucester y Maldon. Aparte de las líneas generales mencionadas, la Operación León Marino tenía toda una serie de detalles y consideraciones que iban desde el control del Canal de la Mancha a la administración del territorio británico una vez ocupado. Los documentos que poco a poco se han ido conociendo dan fe de la existencia de una lista de 2.700 personalidades británicas que debían ser detenidas una vez ocupado el territorio, desde políticos de alto rango como Churchill a intelectuales como Bertrand Russell, todo ello por indicación de la Sección A-1 de la Gestapo bajo las directrices de la RSHA, la Oficina de Seguridad del Reich, creada y dirigida por Reinhard Heydrich. Al mando de la represión en Gran Bretaña estaría el SS-Standartenführer (coronel) Franz Alfred Six con seis Grupos de Acción (Einsatzkommando) basados en

Londres, Bristol, Birmingham, Liverpool, Manchester y Edimburgo y la orden de abrir tres campos de concentración con capacidad para unas 10.000 personas

Los otros dos «detalles» de la Operación son los que, al fin y al cabo, llevaron al abandono del plan, uno era el dominio del cielo, lo que daría pie a la llamada «Batalla de Inglaterra» en la que la RAF, la Real Fuerza Aérea, se impuso a la Luftwaffe alemana manteniendo el control de los cielos. El otro detalle era el control del Canal de la Mancha, algo que se presentaba como íntimamente ligado al dominio del cielo pues la Royal Navy era muy superior a la Kriegsmarine alemana como quedaría demostrado un año más tarde con el hundimiento del Bismark.

Las causas del fracaso

Visto a distancia, el plan era de muy difícil realización, pero también lo era la Operación Overlord del 6 de junio de 1944 en la dirección contraria y que fue un éxito a pesar del alto coste en bajas. El primer hándicap que se presentó a la Operación León Marino fue expuesto por la Marina alemana que veía imposible dotar de los transportes necesarios a la fuerza de seis divisiones que debía desembarcar en la zona de Dover partiendo de Calais, eso sin contar con la inferioridad en buques de ataque con respecto a los británicos y que pondría en peligro los flancos de la invasión. El segundo gran problema era el del dominio del cielo. Que la Luftwaffe partía de una posición de superioridad con respecto a la RAF era evidente, debido principalmente a la existencia del caza Messerschmitt Bf-109 y al número de aparatos en servicio, pero el combate entre británicos y alemanes se fue decantando a favor de los primeros por dos causas fundamentales, primero la manifiesta incompetencia de Hermann Goering al frente de la Luftwaffe enfrentado a la gran visión y eficacia de Hugh Dowding al frente de la RAF. El segundo detalle fue el cambio de estrategia ordenado por Hitler que sustituyó el ataque a las bases aéreas del sur de Inglaterra que estaba a punto de acabar con la RAF por los bombardeos a Londres y otras ciudades que, a pesar del daño a civiles, dio un respiro a la fuerza aérea británica que pudo recuperarse y acabar derrotando a los alemanes.

Unos cuantos Messerschmitt Bf 109F como este se llegaron a utilizar
a finales de la Batalla de Inglaterra en 1940, pero no entraron
en servicio extendido hasta la primera mitad de 1941.

La primera señal de que algo iba a cambiar con relación a la Operación León Marino tuvo lugar el día 21 de julio en una reunión del
OKW en la que por vez primera, Hitler lanzó la idea de atacar a la
Unión Soviética en lugar de hacerlo a Inglaterra, una operación que
seguía considerando demasiado peligrosa según sus propias palabras.
Fue en esa reunión en la que Hitler colocó sobre la mesa la fecha
límite el 15 de septiembre para que la Kriegsmarine la garantizara
que podía llevarse a cabo el desembarco. La Marina no pudo garan-
tizarlo y la operación se pospuso hasta que el 12 de octubre, Hitler
en persona la aplazó temporalmente dejándola sólo como un modo
de presionar a los británicos y centrándose en la ofensiva aérea que
finalmente resultaría una derrota. El 13 de febrero de 1942, empantanados ya en la Operación Barbarroja, Adolf Hitler dio orden de
suspender definitivamente la Operación León Marino.

Paracaidistas, espías y nazis
De haberse llevado a cabo, la Operación León Marino hubiera sido
sin duda un episodio de la guerra casi tan importante como lo fue la
Operación Barbarroja. De los detalles que rodeaban el plan hay que

mencionar la que hubiera sido la operación aerotransportada más importante de la guerra, muy superior en su alcance a las realizadas hasta entonces en Polonia o en Creta. El contingente de fuerzas aerotransportadas sería de dos divisiones, una de infantería en planeadores y una división de paracaidistas de la Luftwaffe, los Fallschirmjager que debían ser transportados en el Messerschmitt 321 o 323, llamado Gigant. El problema era que tanto ese modelo como el Junkers 322 Mammut, capaces de transportar incluso tanques y cañones de 88 mm., todavía no habían sido construidos y eran sólo un proyecto. Otro detalle de la Operación era la existencia de una «quinta columna» en Inglaterra, un partido filo nazi llamado British Union of Fascist, cuyos máximos dirigentes, incluido su jefe Oswald Mosley, estaban ya encarcelados de modo preventivo, aunque se dice que la organización contaba con unos 50.000 miembros dispuestos a ayudar a los nazis en la ocupación.

Tres hombres destacados
Aparte de los militares de alto rango al mando de las unidades preparadas para el ataque, la Operación León Marino contaba con tres personajes interesantes, uno de ellos el mencionado Oswald Mosley. Vástago de una típica familia de la pequeña nobleza rural, Mosley había estudiado en la Academia Militar de Sandhurst y combatido en la Primera Guerra Mundial resultando herido en combate. En 1918 decidió dedicarse a la política y ganó un escaño en la Cámara de los Comunes por el Partido Conservador, aunque disentía en cuanto al tratamiento de la cuestión irlandesa, dado que parte de su familia provenía de Irlanda. En consonancia con aquellos tiempos, Mosley coqueteó con el Partido Laborista y en un viaje a Italia quedó impresionado por la personalidad de Benito Mussolini, de tal modo que a su regreso a Inglaterra fundó la Unión Británica de Fascistas y empezó a distinguirse por sus violentas acciones contra comunistas y judíos. Al estallar la guerra el Gobierno consideró conveniente internarlo en una casa vigilada, lejos de la política y de la guerra dado el peligro de connivencia con el enemigo. Al término de la guerra aún intervino en política siempre defendiendo el fascismo y falleció en Orsay, Francia, en diciembre de 1980.

El segundo personaje destacado fue el Standartenführer (coronel) Franz Alfred Six, doctorado en Heidelberg en Sociología y Política y Profesor en la universidad de Königsberg. Era Six uno de los pocos nazis de gran nivel intelectual a quien Heydrich, impresionado, nombró como responsable del grupo Amt VII encargado de la documentación ideológica del SD, el servicio de Inteligencia de las SS. Ahí se encargó Six de la propaganda antisemita, antimasónica y de difusión de la ideología nazi entre la población. Six fue el encargado de preparar la lista de personalidades británicas que debían ser detenidas y confinadas al ocupar Gran Bretaña y también de la organización de los Einsatzgruppen[3] o grupos de tareas encargados de la represión en la hipotética invasión. Cancelada la Operación León Marino, Six fue transferido al frente ruso donde dirigió el Einsatzgruppen en la zona de Moscú. Finalizada la guerra pasó por el Tribunal de Nürenberg donde fue condenado a veinte años de prisión rebajada posteriormente a diez y liberado finalmente en 1952. La imposibilidad de probarse contra él ningún asesinato y el hecho de que pasara a formar parte de la organización Gehlen, la base del posterior servicio secreto de la República Federal Alemana, fueron las causas de que su paso por la prisión fuera tan breve. Six falleció en 1975 en Boizano, Italia, donde se había instalado desde unos años antes.

El tercero de estos personajes singulares implicados en la invasión de la Gran Bretaña fue el mariscal de la Luftwaffe Erhard Milch, aunque su caso es esencialmente diferente. Milch era amigo de juventud de Hermann Goering y fue objetivo de la Gestapo que le persiguió porque su padre era judío, ello a pesar de que Milch era un héroe de la Primera Guerra Mundial, el organizador más capaz de la Luftwaffe y un experto en la industria de la aviación. Goering despachó el asunto de su origen judío protegiéndole de la Gestapo con aquella famosa frase: «yo decido quién es judío y quién no lo es». La intervención de Milch en la Operación León Marino se puede decir que fue frustrante porque se jugó su prestigio en contra de la opinión

---

3. Estos «grupos de tareas» estaban formados por unos cuatrocientos miembros, agentes de policía (Gestapo) agentes secretos del SD, soldados waffen SS y equipos de apoyo.

de todos los mandos del OKW insistiendo en que Inglaterra debía
ser invadida nada más producirse el reembarco de Dunkerke de las
fuerzas británicas derrotadas en Francia. Milch adujo con fervor que
era el momento de desembarcar en Inglaterra, forzando a la Marina
a aportar todos los buques necesarios y aprovechando el momento
de debilidad de los británicos y el dominio de la Luftwaffe sobre los
cielos del Canal. La idea, considerada precipitada, fue desechada,
pero en pocas semanas las predicciones de Milch se cumplieron y los
británicos estaban ya listos para repeler el ataque. Milch se enfrentó
posteriormente a Goering por el fracaso de la Luftwaffe en el frente
ruso, pero fue él el que fue apartado de la fuerza aérea y enviado
como ayudante de Albert Speer en el Ministerio de Armamento. Finalizada la guerra, Milch pasó por el Tribunal de Nürenberg donde
fue condenado a cadena perpetua, pero salió libre en 1954. Falleció
en Düsseldorf en 1972.

Ícaro, el plan islandés

El 10 de mayo de 1940 tuvo lugar una operación que se podría calificar de «relámpago» a cargo de una fuerza de Royal Marines británicos, menos de 800 hombres, al mando del coronel Robert Sturges.
En esa mañana, la fuerza británica desembarcó en Islandia, cerca de
Reykjavik, la capital, y se movió rápidamente para controlar la isla.
Desde el estallido de la guerra tanto alemanes como británicos habían puesto sus ojos en Islandia, pues su situación, a medio camino
entre la costa oriental de América del Norte y la occidental de Europa la hacía de gran importancia estratégica. La idea fija de Hitler, la
rendición de Inglaterra, pasaba por cortar los suministros que los ingleses necesitaban y de ahí la importancia de Islandia. Pero en aquella ocasión, el Alto Mando británico fue mucho más rápido y resolu-
tivo que el alemán, en parte por la reticencia de la Kriegsmarine ante
la gran superioridad de la Royal Navy. El plan alemán de ocupación
de Islandia, la Operación Ícaro, ya había sido diseñada por el Alto
Mando alemán, pero fue al tener noticias del desembarco británico
en la isla cuando Hitler reaccionó y ordenó ponerla en marcha.

Desde 1918, Islandia era de facto un estado independiente, aunque mantenía al rey de Dinamarca como Jefe del Estado, sin poder efectivo. Siguiendo la estela de Dinamarca, Islandia se había declarado neutral al estallar la guerra y quiso mantener la neutralidad aún después de que la Wehrmacht entrara en Dinamarca en abril de 1940. Como en tantas otras ocasiones, los deseos de neutralidad no fueron atendidos en aras de las necesidades de la guerra y el Gobierno de Winston Churchill obró de aquella manera en previsión de que fueran los alemanes los que ocuparan la isla. Lo único que pudo hacer el Gobierno de Islandia, sin Ejército ni planes de defensa, ante el desembarco británico fue presentar una protesta formal.

El plan alemán de ocupación de Islandia, visto a distancia, tenía los mismos problemas, o parecidos, que la Operación León Marino o la Operación Verde[4]: el mar. La flota de desembarco alemana debía partir desde los puertos noruegos, unos 3.000 kilómetros de mar abierto controlado por la Royal Navy y sin garantías de dominio del aire. Y la cuestión no sólo era la operación de desembarco sino, sobre todo, los necesarios suministros para la guarnición en el caso de que consiguiera establecerse en la isla. Por su parte, los británicos se habían movido con rapidez sin ser molestados por la Kriegsmarine y a final de mayo tenían ya una fuerza de 4.000 soldados que fue aumentando hasta los 25.000 en junio de 1941 y un número aún superior cuando las fuerzas británicas fueron sustituidas por las norteamericanas en 1942.

Los datos de la Operación Ícaro
El contingente básico de las fuerzas alemanas que debían asaltar Islandia estaba formado por una división de infantería, la 163, dado que la infantería de marina apenas si se había utilizado en lo largo de la guerra y nunca en operaciones anfibias de envergadura. La 163, al mando del teniente general Edwin Engelbrecht, debía reforzarse con carros de combate Panzer y con vehículos blindados requisados en Noruega y bien adaptados a las condiciones islandesas. Al arma-

---

4. La invasión de la Gran Bretaña y de Irlanda, respectivamente.

mento ligero de la división se añadía artillería de 105 milímetros y se había dotado a uno de los batallones con motocicletas para moverse con facilidad por el terreno accidentado. A esa fuerza habría que añadir una unidad de ingenieros encargada de construir un aeródromo y un nuevo puerto apto para la llegada posterior de refuerzos y suministros.

El plan consistía en la captura de un puerto, Reykjavik, que permitiera el atraque de dos grandes buques de transporte, el Bremen y el Europa para efectuar el desembarco de la tropa habida cuenta de su falta de barcazas de desembarco y de soldados entrenados para esa función. Teniendo en cuenta la inexistencia de ejército islandés y la escasa presencia de soldados británicos, el mando alemán esperaba ocupar la isla en cuatro días como máximo, pero los mandos de la Armada mantenían que era una misión imposible y que se sacrificaría toda la fuerza naval de superficie alemana para obtener una victoria estratégica muy discutible. Otro de los argumentos en contra era de orden logístico, que los dos buques de transporte disponibles, el Bremen y el Europa, no tenían grúas lo bastante fuertes como para descargar carros de combate o vehículos blindados pesados, eso sin contar con que la necesidad de dotar a la fuerza de desembarco de gran

El *Gneisenau*, uno de los pocos cruceros de batalla alemanes.

cantidad de vehículos hacía casi imposible el transporte. La distancia y la lentitud de los cargueros hacían casi seguro que fueran descubiertos por los británicos y los buques de defensa de la Kriegsmarine se reducían a dos cruceros de batalla, el Scharnhorst y el Gneisenau. Por si esto fuera poco, los dos únicos puntos de desembarco accesibles eran el puerto de Reykjavik en el sur y el de Akureyri en el norte, ambos ocupados por los británicos y a casi 500 kilómetros uno de otro. El día 12 de junio se presentó el plan a Hitler con todo detalle y el almirante Raeder en persona desaconsejó la operación, algo que Hitler aceptó finalmente y fue cancelada.

Operación Pilgrim, Metralla y otras consideraciones

Desde el Gobierno británico y especialmente desde la percepción de Winston Churchill, una vez ocupada Francia y con un Gobierno español cercano al fascismo la caída de Gibraltar era una posibilidad real. En sus diarios Churchill apuntaba: «Nada era más fácil para los españoles que montar una docena de piezas artilleras de grueso calibre en las montañas próximas a Algeciras. España tenía derecho a hacerlo así cuando quisiera, y, una vez montados, aquellos cañones podían disparar e impedirnos el uso de nuestras bases navales y aéreas. Podría quizá el Peñón volver a sostener un largo asedio, pero en ese caso perdería su utilidad y no sería más que una roca. España tenía entre sus manos la llave de todas las empresas británicas en el Mediterráneo, mas nunca, ni en las horas sombrías, dio el cerrojazo». Las razones por las que España no obró nunca contra Gibraltar podían ser varias, pero una de las más importantes, aparte de la admiración del general Franco por la monarquía británica, era que los suministros para la depauperada economía española, alimentos y petróleo sobre todo, llegaban por mar gracias a la buena voluntad de los ingleses que dominaban las rutas marítimas en el Atlántico. No obstante, Churchill sabía que el delicado equilibrio de la base naval de Gibraltar se podía romper en cualquier momento y se planteó inmediatamente como objetivo conseguir una o varias islas en el Atlántico oriental que sustituyeran al Peñón y garantizaran la circulación de buques por la costa africana en dirección a Sudáfrica y Australia. Esas islas no eran otras que las Canarias. En fecha tan temprana como el 13 de abril de 1940, Churchill ordenó al Almirantazgo que elaborara un plan de ocupación de las Canarias, la Operación Pilgrim, que tendría como objetivo, principalmente, sus puertos más importantes, el de Las Palmas y el Puerto de la Luz. Tras la caída de Francia y el reembarco de Dunkerque, el plan británico se extendió a Azores y Cabo Verde sin puertos tan utilizables, pero con menos defensas que las Canarias. Las anotaciones al respecto en los diarios de Churchil eran muy claras: «Todas mis reflexiones sobre el peligro de nuestros barcos bajo los obuses españoles en Gibraltar me conducen continuamente a las Azores. ¿Tenemos que esperar siempre a que haya ocurrido un desastre? No creo que nuestra ocupación, temporal, de las Azores para detener al enemigo, precipitara necesariamente una intervención alemana en España y Portugal». Las negociaciones del Gobierno británico con los respectivos de España y Portugal eran el «campo de batalla» más importante en aquel momento y finalmente se consiguió un acuerdo tripartito anglo-hispano-portugués que garantizó la no beligerancia de los dos estados ibéricos a cambio de mantener los suministros y las comunicaciones especialmente desde Estados Unidos. La defensa de las islas Canarias, aducida por los británicos para optar por las Azores, no era en realidad tan importante como pensaron en un principio. La estimación británica de los efectivos españoles en Canarias se basaba en informes erróneos fechados en junio de 1940 que fijaban en dos brigadas y tres batallones de infantería cuyo número de efectivos no se conocía pero que en realidad eran muy inferiores a los teóricos de cada unidad y a los calculados por los británicos. El armamento, no contemplado en los informes, era muy deficiente, apenas armas ligeras, y la artillería que se anotaba en el informe la componían cañones viejos y obsoletos. En cuanto a los aviones a que se hacía referencia, seis bombarderos S-8, en realidad eran aviones de transporte Ju-52.

Pilgrim sobre el papel

La operación de toma de las Canarias por parte de los ingleses debía iniciarse en el Puerto de la Luz con dos brigadas de infantería, el apo-

El Junkers Ju 52 era un avión de transporte alemán
que fue utilizado ocasionalmente como bombardero.

yo de dos cruceros y un portaaviones que daría la cobertura aérea. La fuerza naval estaría al mando del contralmirante Louis Henry Keppel Hamilton y la terrestre sería responsabilidad del general Harold Rupert Leofric George Alexander quien tendría como principal objetivo hacerse con el aeródromo de Gando apoyado por un desembarco de Royal Marines en la bahía de Arinaga. El plan preveía la ocupación solo de la isla de Gran Canaria neutralizando como máximo el puerto de Santa Cruz de Tenerife con la idea de que la guarnición de la isla se rindiera una vez cercada y bloqueada. Un destacamento del SOE, el Servicio de Operaciones Especiales, sería lanzado en paracaídas sobre Tenerife para sabotear sus comunicaciones, el aeropuerto de Los Rodeos y las instalaciones petrolíferas. La fuerza de desembarco contaría con cuatro grandes buques de transporte, incluyendo el *HMS Queen Emma* (holandés) y otras embarcaciones menores. En cuanto a la fuerza asaltante de Tenerife, se trataba de un pequeño comando de treinta hombres al mando del teniente Austin Baillon y la operación fue diseñada por el oficial del SOE Ian Fleming[5] como

5. El creador de James Bond fue un importante elemento del MI6 británico, diseñador de operaciones del SOE.

complemento al plan más amplio llamado Goldeneye, el boicot a la colaboración del gobierno del general Franco con los alemanes.

Austin Baillon, el héroe que no pudo ser

El hombre encargado de dirigir el comando británico que debía saltar sobre la isla de Tenerife era un jovencísimo capitán, de solo 21 años, llamado Austin Baillon. Baillon era entonces oficial de operaciones especiales, encuadrado en el SOE, pero tenía una característica que le hacía imprescindible para aquella misión. Austin Baillon había nacido en la isla de Tenerife, en el Puerto de la Cruz, en 1920 y hablaba perfectamente el castellano sin ningún acento por lo que podía infiltrarse en las islas con todas las garantías. Sus padres, Alexander y Kathleen Baillon, se habían instalado en 1906 en Canarias donde Alexander era gerente de la compañía Elders & Fyffes, exportador de plátanos. Formaban una familia de cinco hermanos que pasaron su infancia en la isla, en la mansión familiar conocida como Hacienda Miramar, hoy Hotel Miramar, para asistir después a la universidad en su Inglaterra de origen. Alistado en los paracaidistas al estallar la guerra, ya era capitán a los 19 años, el más joven del Ejército británico y fue captado por los servicios de Inteligencia dada su preparación y sus conocimientos de las Canarias. Suspendida la Operación Pilgrim, Baillon realizó varias misiones con el SOE con base en Gibraltar y finalizada la guerra dejó el ejército y se empleó en la petrolera Shell trabajando hasta su jubilación en Centroamérica y Sudamérica, especialmente en Venezuela. Tras su jubilación en 1975, a los 55, volvió a Tenerife donde se instaló hasta su muerte en 2012 a la edad de 92 años.

Los alemanes y las islas

Al mismo tiempo, en privado por supuesto, algunos generales de alto nivel de la Wehrmacht empezaron a llamar a Hitler «asaltador de islas» por la fijación del Führer en Azores, Cabo Verde y las islas Canarias. Para la tradicional mentalidad de los militares prusianos, formados en el combate en tierra, el mar era una cuestión secundaria, nada que ver con la mentalidad isleña y marítima de los ingleses. Pero Hitler presentía que los británicos podían dar un golpe de mano en las Canarias y ya en noviembre de 1940 manifestó su deseo explícito «Hay que poner antiaéreos en los aeródromos de Canarias y hay que llevar allí a los Stukas, es la única manera de alejar definitivamente de las islas a la escuadra enemiga». La propuesta alemana de ocupar las islas, siempre para evitar que las tomaran los británicos, no fue bien recibida en el Gobierno español que por boca de Serrano Suñer manifestó que se encontraba perfectamente capacitado para defender Canarias de cualquier posible invasor. A finales de ese mismo año, los alemanes confeccionaron un informe sobre la situación militar de las Canarias en base a las informaciones recogidas sobre el terreno por un capitán de fragata de la Kriegsmarine llamado Krauss. Ante la información española de que había 40.000 soldados destacados en las Canarias, la realidad era que no llegaban a 25.000 y tras la inspección de Krauss quedó claro además que las piezas de artillería databan de la guerra de Cuba y los aviones, 25, eran apenas un veinte por ciento de las necesidades reales para defender las islas. Krauss apuntó también la total ausencia de vehículos de transporte de tropas y la existencia de ¡solo un dragaminas mal armado! como defensa naval, más un guardacostas totalmente caduco. El informe final de Krauss apuntaba que no creía posible que aquella fuerza pudiera defender las islas frente a un ataque británico. El desarrollo posterior del conflicto, con la preparación de la Operación León Marino, la Operación Barbarroja y el progresivo distanciamiento del conflicto de España y Portugal hizo que finalmente británicos y alemanes desistieran ambos de los planes con respecto a las Canarias. Por parte británica se mantuvo un tiempo la posibilidad, apoyada por los norteamericanos, de ocupar las Azores y Cabo Verde para lo que se preparó la Operación Metralla, básicamente la utilización de las fuerzas británicas presentes en Sierra Leona para ocupar las islas de Cabo Verde, pero sólo en el caso de que se neutralizara Gibraltar.

Operación Tulsa

Entre los días 4 y 7 de junio de 1942 tuvo lugar la más grande batalla naval de todos los tiempos, la de Midway, en la que la flota norteame-

ricana dirigida por el almirante Nimitz derrotó a la japonesa de Na-
gumo dando un giro fundamental al enfrentamiento en el Pacífico.
En aquel momento, el general Douglas MacArthur, comandante en
jefe de las fuerzas terrestres norteamericanas en el Pacífico, intentó
imponer su estrategia que no era otra que la de recuperar a toda costa
las Filipinas de las que había sido expulsado por los japoneses un año
antes. El plan era forzar la «barrera de las Bismark» como llamaban
los norteamericanos al archipiélago de ese nombre, con el enclave
de Rabaul, la mayor base aeronaval japonesa de aquella parte del
Pacífico. «He tenido que marcharme de Batán, pero volveré», dijo
MacArthur al salir de Filipinas y todo su planteamiento, más allá
de la conveniencia estratégica o logística, era la de asaltar las islas y
cumplir su promesa. Para acceder a las Filipinas, el principal escollo
era sin duda Rabaul y hacia ella dirigió sus ojos MacArthur insistiendo en que debía ser tomada. A tal fin, empezó a trabajar en el diseño de la llamada Operación Tulsa, un movimiento de pinza con sus
fuerzas de infantería destacadas en Nueva Guinea y con la flota del
almirante Halsey desde las islas Salomón. La idea de MacArthur no
estaba exenta de razón. Rabaul, al mando del mayor general Tomita-
ro Horii, contaba en aquel momento con una flota de sesenta cazas
Mitsubishi Zero, más de medio centenar de bombarderos instalados
en seis aeródromos y una dotación de 400 piezas de artillería antiaérea y 43 cañones costeros. En poco tiempo, los japoneses habían
construido un enorme complejo subterráneo que hacía la base casi
inexpugnable.... Al menos eso es lo que pensaban los norteamericanos sobre ella, aunque posteriormente se llegó a la conclusión de
que las defensas de Rabaul no eran tan imponentes como se pensaba.
Los mandos de la Armada, menos entusiastas que MacArthur, veían
la campaña de otra manera. En primer lugar no consideraban necesario tomar Rabaul para atacar las Filipinas y en segundo lugar la
estrategia empleada por la Armada, obra del almirante Nimitz, en su
avance por el Pacífico, estaba resultando mucho más efectiva que las
grandes operaciones de asalto anfibio. Esta estrategia era la de bombardear y bloquear las bases japonesas desperdigadas por el océano
de modo que quedaban inutilizadas sin suministros y sin posibilidad
de combatir, ahorrando las enormes pérdidas que suponía un asalto

anfibio, una estrategia que resultaba muy efectiva como se demostró, por ejemplo, en el atolón de Truk.

El final de Tulsa

MacArthur disponía en Nueva Guinea de tres divisiones de infantería, pero presionaba para contar con la flota de Halsey y una división de Infantería de Marina que atacara desde las islas Salomón. Aparte de todo ello, la operación necesitaba de apoyo aéreo, pero George Brett, comandante de la Fuerza Aérea en la zona argumentó que precisaba de al menos doce aeródromos para dotar a las fuerzas

Midway marcó un punto de inflexión en el conflicto del Pacífico, provocando que los japoneses perdieran 4 portaaviones y un crucero de su flota, sin contar a los casi 200 pilotos navales, en la frustrada tentativa de ocupar dicho atolón.

atacantes de cobertura. La presión de MacArthur hizo que se iniciara un despliegue de ingenieros para poner a punto las pistas, pero la ofensiva japonesa en Buna, uno de los puntos cruciales, hizo imposible la operación. El siguiente escenario fue el de la bahía de Milne donde las fuerzas australianas consiguieron hacer retroceder a los japoneses, pero el almirante Nimitz consideró que no era posible un desembarco anfibio con garantías y finalmente la Operación Tulsa se desestimó, aunque no quedó olvidada del todo.

No fue hasta el verano de 1943, tras la costosa conquista de las islas Salomón cuando se realizó el movimiento que había previsto

MacArthur, aunque no con la intención de ocupar Rabaul sino simplemente con la de neutralizarla, algo que se consiguió a mediados de 1944.

Operación Sledgehammer

El día 22 de junio de 1941, Adolf Hitler llevó a la práctica la que había sido su fijación desde el final de la Primera Guerra Mundial, la expansión de Alemania hacia el Este para obtener un supuesto «espacio vital» para la población alemana. El objetivo era la invasión de la Unión Soviética, la Rusia de Stalin con la que había firmado un pacto de no agresión dos años antes con el resultado práctico de repartirse el territorio polaco, permitir a la URSS apoderarse de los estados bálticos y dejarle libertad de movimientos a Hitler para enfrentarse a Francia e Inglaterra. Ese día de junio, más de 3 millones de soldados alemanes principalmente pero también rumanos y húngaros cruzaron la frontera de la URSS desde Polonia y Rumania apoyados por más de 3.300 carros de combate, más de 2.300 aviones y un contingente de retaguardia de millón y medio de hombres. Pocas semanas después, a finales de 1941, se podía suponer que la Wehrmacht había destruido el Ejército Rojo con cerca de 3 millones de soldados muertos, otros tantos prisioneros, la eliminación de su fuerza aérea y de la práctica totalidad de sus fuerzas acorazadas. Todas esas cifras absolutas fueron no obstante engañosas pues la ofensiva alemana se había detenido en las tres principales ciudades rusas, Leningrado, Moscú y Stalingrado y el Ejército Rojo se rehacía rápidamente mientras que los alemanes, con una población mucho menor y con otro frente abierto en el oeste, no estaban en las mejores condiciones para sustituir a los 100.000 hombres perdidos más 700.000 heridos y cerca de 3.000 carros de combate destruidos. Llegado el fin de la Operación Barbarroja, en diciembre de 1941, los rusos, aliados de facto de británicos y franceses, al igual que lo serían los norteamericanos a partir de Pearl Harbor, reclamaron entonces la apertura de un segundo frente en occidente, algo que aflojara la presión alemana sobre la URSS. La respuesta de sus aliados fue la Operación Sledgehammer, una de tantas operaciones imposibles que sería superada por las circunstancias y retrasada hasta convertirse en la Operación Overlord de junio de 1944.

«No debería aceptarse»

En abril de 1942 Winston Churchill envió a Mijail Molotov, el ministro de asuntos exteriores soviéticos una nota de apoyo en la que decía «Estamos preparando un desembarco en el continente para agosto o septiembre de 1942... siempre que resulte prudente y sensato...» El retroceso alemán ante Moscú se había estabilizado, Leningrado estaba cercada, las perspectivas de los alemanes de tomar Stalingrado eran buenas y aunque el invierno golpeaba a la Wehrmacht casi tanto como el Ejército Rojo, Stalin presionaba la apertura de un nuevo frente en el oeste que facilitara una contraofensiva. Winston Churchill comprendía la reclamación soviética pero el Alto Mando británico aún tenía presente Dunkerque y las enormes dificultades para transportar una fuerza expedicionaria al continente ocupado por los alemanes. Fue el día 24 de junio de ese año, 1941, cuando tuvo lugar una reunión de Estado Mayor en la que se instó a estudiar las implicaciones de lo que llamaron Operación Sledgehammer, el desembarco de una fuerza expedicionaria que implicaría a todas las lanchas de desembarco operativas en ese momento. Aún antes de aprobar la operación, se dio orden de acumular todas esas lanchas en la costa sur inglesa pero el informe emitido por Louis Mountbatten, Jefe de Operaciones Combinadas, fue demoledor «no debería aceptarse», decía «salvo que exista una determinación firme de poner en marcha la operación» o lo que es lo mismo que la decisión fuera política más que militar. Todavía sin tomar una decisión, el asalto a la base de submarinos alemana de Saint Nazaire, en Francia, una operación de comando de gran éxito, hizo renacer la idea de que algo semejante podría tener éxito en Brest y Cherburgo logrando incluso una cabeza de playa permanente. La idea era de los estrategas norteamericanos, pero los británicos no compartían ese optimismo, ni mucho menos y consideraban que aún en el supuesto de un éxito inicial, el contraataque alemán sería mucho más destructivo que el de Dunkerque. El principal escollo, no obstante, seguía siendo la falta de suficientes lanchas de desembarco. La fuerza implicada en el ataque sería a lo sumo de seis divisiones exclusivamente británicas frente a las veinticinco o treinta con que contaban los alemanes en la Europa Occidental y la superioridad aérea estaba todavía en manos alemanas. Aún sin una decisión tomada, la aviación y la marina británica empezaron el bombardeo del puerto de Cherburgo mientras los dragaminas abrían una vía de acceso naval. El fracaso del desembarco de Dieppe y la ofensiva de Rommel en el norte de África se presentaron entonces como argumentos negativos hacia la Operación Sledghammer.

Finalmente, en sendas conferencias en Washington y Londres, norteamericanos y británicos acordaron poner en marcha las operaciones en el norte de África, mucho más factibles, como modo de abrir un segundo frente contra los alemanes.

Segundo round… Roundup

La idea de la invasión de Francia, el segundo frente, era en 1943 fundamentalmente norteamericana. En ese sentido, los británicos eran mucho más cuidadosos a la hora de plantear un ataque así contra la fortaleza europea. Ellos ya habían combatido contra los alemanes y tenían muy presente Dunkerque y Narvik, sin contar con la cruenta batalla aérea. «Para mí estaba muy claro», decía Churchill en sus memorias «que el momento de abrir el frente occidental no había llegado todavía y que no se presentaría durante 1943». Cancelada

Durante la Operación Dinamo, más de trescientas mil tropas francesas, británicas, belgas y canadienses escaparon de la invasión alemana desde las playas cercanas a Dunkerque, entre el 29 de mayo y el 4 de junio de 1940.

la Operación Sledgehammer, los norteamericanos insistían no obstante en el asalto a Francia principalmente por la presión de Stalin que necesitaba urgentemente que la Wehrmacht aflojara la presión en el frente ruso. Según los historiadores, tanto el presidente Roosevelt como el general Eisenhower, eran conscientes de las dificultades de la invasión del continente, pero tenían que simular ante Stalin que estaban «haciendo algo» en ese sentido y así nació un nuevo plan, la Operación Roundup. Mientras la Operación Sledgehammer había sido un proyecto británico, Roundup fue un invento totalmente norteamericano. La fecha prevista para ponerla en práctica fue fijada en mayo de 1943, con todas las reticencias por parte de los británicos y el objetivo sería una franja limitada en la costa noroeste, básicamente Bretaña y la costa occidental de Normandía con la intención de establecer una cabeza de puente capaz de resistir los contraataques alemanes y que sirviera de base para un posterior avance hacia el este. Aunque no hubo una negativa británica al desarrollo de esta operación, sí que se presentaron alternativas como atacar en el sur para distraer a las fuerzas alemanas y cercar a Rommel, bien con un ataque en Oriente Medio o en el Norte de África, algo que finalmente se aprobó aplazando una vez más el asalto a Francia.

En el fondo de la cuestión sobre la invasión de Francia pospuesta por dos veces estaba el convencimiento político-militar de Winston Churchill que optaba sin dudas por el ataque por lo que llamaba «el vientre de Europa», Italia y los Balcanes para lo que precisaba el control del norte de África, la apertura de la ruta de El Cabo y el acercamiento de Turquía. Para los norteamericanos todo se reducía a tomar Berlín y el camino más corto era desde Calais, pero era evidente para los generales que en 1943 la Wehrmacht y la Luftwaffe eran todavía un enemigo formidable y estaban seguros que un ataque frontal en Francia sería desastroso para los Aliados. De hecho el desembarco de Normandía, un año después y con los alemanes muy debilitados, pudo ser un fracaso y triunfó por muy poco.

Australia, una operación, un mito y un fracaso

La invasión de Australia por parte de las fuerzas armadas del Imperio japonés fue considerada en 1941 como una posibilidad o más bien como un temor por parte de los Aliados, pero la verdad es que nuca fue seriamente tenida en cuenta por el mando del Ejército japonés. De hecho, nunca llegó a haber un plan o un estudio y mucho menos una Operación en marcha, aunque sí es cierto que para los japoneses era un objetivo militar a tener en cuenta. En el interrogatorio al que fue sometido el general Tojo en 1948, el que fue Primer Ministro y dictador del Japón durante los años de guerra (condenado a muerte y ahorcado), dijo a propósito de la supuesta invasión de Australia: «Nunca tuvimos tropas suficientes para ello... No teníamos ni la fuerza militar ni la capacidad de abastecimiento suficiente para llevar tan lejos nuestras ya muy extendidas y dispersas tropas. Esperábamos ocupar toda Nueva Guinea, mantener la base de Rabaul y lanzar ataques aéreos contra el Norte de Australia, pero una invasión física no, nunca». Lo que sí es cierto también es que había voces en Japón que apostaban por la ocupación de Australia, habida cuenta de que era de hecho la base del contraataque norteamericano y británico en el Pacífico, aunque a la larga se demostró que esa base atacante no era Australia, sino los portaaviones norteamericanos y la flota en general.

El más firme defensor del ataque a Australia fue el contralmirante y barón Sadatoshi Tomioka que expuso su idea ya en el verano de 1941 cuando la presión de Estados Unidos contra el expansionismo del Imperio alcanzaba su punto álgido. Para Tomioka la ocupación de Australia sería una barrera infranqueable para los norteamericanos y al mismo tiempo proporcionaría al Japón recursos agrícolas y mineros de los que carecía. En la misma línea opinaba el almirante Takasumi Oka quien mantenía que se debía ocupar Australia y las Hawai privando a los norteamericanos de sus bases y eliminado a la infantería de marina, la verdadera fuerza a tener en cuenta. En su contra estaba la opinión del almirante Yamamoto, partidario del ataque a Hawai para neutralizar la flota americana del Pacífico, en especial los portaaviones, algo que a regañadientes aceptaban los generales del Ejército de tierra, pero el ataque a Australia, opinaban muchos, excedía la capacidad japonesa, no sólo por su tamaño sino porque su ocupación implicaría un alargamiento insostenible de la línea de frente. Entre unos y otros estaba el general Tomoyuki Yamashita que planteaba la ocupación de los puertos del sur, Brisbane y Sidney, lo que consideraba suficiente para controlar Australia.

La ocupación de Australia resultaba así solo una amenaza para los Aliados, no un peligro real, pero lo que sí tenían claro los generales japoneses es que había que neutralizarla de alguna manera y para ello lanzaron las operaciones de ocupación de las islas al norte, Indonesia y Nueva Guinea principalmente.

El plan que no llegó a materializarse
La idea de los estrategas japoneses contra Australia era la de un ataque combinado en el norte y el sur del subcontinente partiendo de las bases en Sumatra y con el apoyo de las fuerzas en Nueva Guinea y las Salomón. El desembarco en el norte se debía producir en la zona de Darwin con la intención de controlar las zonas mineras del nordeste, frente al golfo de Carpentaria y el del sur en Perth para controlar la parte meridional de la provincia de Australia Occidental, también zona minera, y poder adentrarse hacia la zona portuaria de Adelaida y la costa sureste. La posibilidad real de la invasión se disparó el 19 de febrero de 1942 cuando una primera oleada de 180 aviones, procedentes de portaaviones japoneses se lanzó sobre la ciudad de Darwin bombardeando las instalaciones portuarias y los buques anclados. Una segunda oleada de bombarderos pesados provenientes de la base de Sulawesi, en las islas Célebes, acabó de destruir las instalaciones portuarias y hundió varios buques, entre ellos el destructor norteamericano *USS Peary*.

El plan más avanzado para la invasión de Australia fue el presentado por la Armada el 4 de marzo de 1942. En él se planteaba un ataque a la costa norte dirigido por la IV Flota japonesa con base en Truk pero para ello necesitaban lógicamente contar con un contingente de infantería. Los mandos del Ejército de tierra se opusieron inmediatamente por las razones ya consideradas de la enorme extensión del país y la inutilidad de ocupar sólo una pequeña parte, la menos poblada del país. En ese sentido la opinión del brillante

El 19 de febrero de 1942 una oleada de 180 aviones, procedentes
de portaaviones japoneses, se lanzó sobre la ciudad de Darwin,
en Australia, bombardeando las instalaciones portuarias
y los buques anclados, hundiendo el *USS Peary*.

estratega coronel Takushiro Hattori fue fundamental: «un ataque
imprudente que pondría al límite la fortaleza del Japón». Yamamoto
apoyó la postura de los generales y el plan fue teóricamente aplazado
haciendo que la fuerza naval japonesa se concentrara en la ocupación
y establecimiento de una base en Midway como forma de neutralizar
a los norteamericanos, algo que a la larga resultó en la derrota de la
flota japonesa.

El coronel Takushiro Hattori fue un destacado estratega autor
de una detallada historia de la guerra del Pacífico *La historia
completa de la Gran Guerra de Asia Oriental* publicada en 1953
y el referente de todo historiador sobre ese periodo histórico.
Nacido en Tsuruoka, en la prefectura de Yamagata, en 1901,
fue jefe de Operaciones en el Estado Mayor del Ejército durante los años de guerra y secretario privado del general Tojo, Primer Ministro japonés. Fallecido en abril de 1960, su historia al
finalizar la guerra es un misterio pues su nombre figura en muchos documentos secretos de la CIA como parte de la red anticomunista organizada por los norteamericanos en Japón, pero
también como conspirador en el intento de asesinato del Primer Ministro japonés Shigeru Yoshida, pro norteamericano
considerado como un traidor por los nacionalistas japoneses.

A imagen y semejanza

Dentro de la estrategia de expansión japonesa en la euforia de los primeros meses de guerra, cabría incluir los planes de ocupación de Ceilán y Madagascar, planes que al igual que el de la ocupación de Australia sólo fueron considerados de un modo teórico por algunos altos mandos japoneses, pero que nunca fueron ni siquiera planificados, aunque los Aliados temieron siempre que se pusieran en práctica. La ocupación de la isla de Ceilán, la actual Sri Lanka, colonia británica en 1941, no era una opción para los japoneses, pero sí lo era la eliminación de la flota británica del Índico con base en el puerto de Colombo. Nunca hubo un plan de tomar la isla, pero sí un devastador ataque aéreo que el día 5 de abril, dos semanas después del raid sobre Darwin, hundió dos cruceros y destruyó las instalaciones portuarias haciendo que el grueso de la flota británica huyera de aquellas aguas.

El otro punto de conflicto para los británicos en el Índico era la isla de Madagascar y los japoneses recelaban de ella y de su puerto, Diego Suárez, en poder de la Francia de Vichy, aliada del Eje desde junio de 1940. Madagascar había sido en 1905 punto de aprovisionamiento y atraque de la flota rusa que se había enfrentado a la japonesa en la guerra de aquel año y aunque la victoria fue para la Marina Imperial Japonesa, los japoneses barajaron la posibilidad de ocuparla para eliminar definitivamente el peligro de que los británicos tuvieran un apoyo en la zona. El posible ataque a Madagascar nunca tuvo lugar, primero porque los japoneses nunca lo planearon así, segundo porque el control de aquella zona pertenecía a Alemania, según los acuerdos firmados con Japón y tercero porque los británicos, preocupados por el ataque a Ceilán pusieron en marcha la Operación Ironclad que entre el 5 de mayo y el 1 de octubre de 1942 se hizo con el control de la isla sin que la escasa guarnición de la Francia de Vichy pudiera evitarlo.

Operación Constelación

El día 30 de noviembre de 1942, el Jefe de Operaciones Combinadas del Imperio británico vicealmirante lord Louis Mountbatten firmó un elaborado plan conocido como Operación Constelación, una operación combinada destinada a recuperar las tres islas del Canal de la Mancha, Jersey, Alderney y Guernsey (existe una cuarta, la pequeña isla de Sark que era considerada un objetivo secundario), territorio británico ocupado por los alemanes desde 1940. Las tres pequeñas islas, cercanas a la costa francesa, no a la inglesa, habían sido ocupadas entre el 1 y el 4 de julio de 1940, pocos días después de la rendición de Francia. Ya en septiembre de 1939, cuando se produjo la declaración de guerra contra Alemania, el Alto Mando británico consideró que las islas, a pesar de su situación estratégica, eran indefendibles, por lo que ordenó retirar las fuerzas allí destacadas, a la mayor parte de la población civil y a la totalidad de los habitantes de Alderney. Pero a finales de 1942 y principios de 1943 la situación en la guerra estaba mucho más equilibrada y las tres pequeñas islas eran vistas por los Aliados como una cabeza de puente importante para el asalto al continente, algo que también los alemanes veían con preocupación. A principios de 1943, lord Mountbatten presentó su proyecto a Churchill con el argumento de la importancia estratégica de las islas y la cuestión propagandística, pues la ocupación de un territorio británico por el enemigo era una espina clavada en lo más profundo de los británicos. La situación en las islas no había sido demasiado dura para los pobladores que habían quedado en ellas y de hecho se les había acusado, injustamente, de colaboracionismo con los ocupantes, pero la maquinaria nazi había funcionado contra los judíos al igual que en el resto de los territorios ocupados, confinándolos en guetos e incluso deportándolos. Los ocupantes eran unos 40.000 soldados de infantería, aviadores y marineros alemanes que habían desembarcado en las islas temiendo la resistencia de los británicos, pero en 1943 quedaban sólo unos 28.000, suficientes para defenderlas, y se las había fortificado siguiendo las directrices de la «muralla del Atlántico» que protegía las costas francesas desde Calais hasta la frontera española en el Golfo de Vizcaya con búnkers y torres de defensa. El propio Mountbatten señaló en un informe «Cada isla es un verdadero fortín cuyo asalto no puede contemplarse salvo si se neutralizan sus defensas o se reducen en un grado considerable antes de la acción.» Estas consideraciones hacían necesario el bombardeo intensivo de las islas con la consiguiente destrucción de las propiedades y un número de bajas previsible en la población civil, algo que los alemanes no habían hecho, salvo dos bombardeos en los puertos de Jersey y de Guernesey que causaron 44 muertes. Esas consideraciones hicieron que finalmente se desestimara la Operación Constelación y que incluso el desembarco del día D en Normandía, la Operación Overlord, las dejara de lado.

El final del plan de Mountbatten

La Operación Constelación estaba lógicamente dividida en tres operaciones diferentes, una para cada una de las islas, la Operación Cóndor dirigida contra Jersey, la Operación Concertina contra Alderney y la Operación Colcha contra Guernesey. El primer paso debía ser un intensivo bombardeo aéreo y naval de las defensas costeras y a continuación sendos desembarcos en las tres islas, pero la idea de bombardear a la población británica hizo que finalmente se desestimara. Los alemanes nunca dejaron de temer el ataque y siguieron fortificando la isla, aunque los Aliados optaron por bloquearlas y conseguir así que la guarnición acabara rindiéndose por inanición.

Nada más producirse el desembarco en Normandía, el 6 de junio de 1944, las comunicaciones de las islas con el continente quedaron cortadas y los suministros empezaron a escasear. Ante esta situación, el mando alemán en Francia consideró la posibilidad de permitir la evacuación de la población civil a Inglaterra para que los alimentos existentes en la isla pudieran servir para los soldados. Los últimos suministros para la guarnición alemana llegaron poco antes de la caída de Saint Lo en manos aliadas el 19 de julio y a partir de ahí se acabó todo envío de alimentos, medicinas o combustible. La 319 división alemana y los civiles de las islas quedaron abandonados a su suerte. Las posiciones de los Aliados y de los alemanes se convirtieron en irreductibles, sir Winston Churchill se negaba a enviar alimentos a las islas y exigía la rendición de la guarnición y el mando de ésta, el

Desembarco de tropas norteamericanas
en Normandía, durante el Día D.

teniente general Rudolf Graf von Schmettow, rechaza la rendición y
se negaba a permitir la salida de la población civil. La situación era
cada vez peor y según Von Schmettow la última cosecha en las islas,
a finales de 1944, permitía una mínima alimentación a la población
civil hasta el mes de enero y a sus soldados hasta mayo. Finalmente,
el 7 de noviembre, Churchill autorizó a que un barco de la Cruz Roja
llevara alimentos a la isla. En aquel momento, el Primer Ministro británico llegó a la conclusión de que las islas del Canal no eran más que
un gran campo de prisioneros. El 27 de febrero de 1945 Schmettow es
sustituido en el mando por el vicealmirante Hüffmeir quien se mantuvo en las islas, sin aceptar la rendición, hasta el día 9 de mayo, uno
después de la rendición de Alemania. Ese mismo día varias unidades
navales británicas desembarcan hombres en las islas. El último contingente, el destacamento del islote de Minquiers, permaneció olvida-
do de todo el mundo y al borde de morir de inanición hasta el día 23
de mayo en que les recogió el pesquero capitaneado por un hombre
llamado Lucien Marie y les llevó a Inglaterra.

El Proyecto Habacuc, congelado

En 1962, el Premio Nobel de Química le fue otorgado al entonces presidente del Laboratorio de Biología Molecular de la Universidad de Cambridge, el doctor Max Perutz, británico, aunque nacido en Viena, que tenía entonces 48 años y una larga experiencia en el estudio de las estructuras de proteínas globulares. Perutz, que había trabajado desde 1936 en la Universidad de Cambridge, había tenido una vida dedicada a la ciencia con un importante tropiezo en su vida pues entre 1941 y 1943 había pasado por varios campos de internamiento en el Reino Unidos debido a que, como ciudadano austriaco, había sido considerado sospechoso. La vida de Perutz, no obstante, estaba llena de contradicciones pues a pesar de aquella situación personal, en la primavera de 1942 había recibido una llamada citándole en un apartamento en el edificio Albany de Londres donde tenían lugar importantes reuniones de personalidades de la vida social y política de la Inglaterra en guerra. En una entrevista, años después, Perutz decía: «Allí me encontré con Pyke, una figura adusta, de rostro cetrino, mejillas demacradas, ojos fogosos y una barbita canosa, perdido en medio de pilas de libros, periódicos, revistas y colillas de cigarrillos esparcidas sobre los escasos muebles. Parecía un agente secreto de una película de espías, y me dio la bienvenida con un aire de misterio e importancia, diciéndome con voz gentil y persuasiva que actuaba en representación de lord Louis Mountbatten, que entonces era el jefe de Operaciones Combinadas, para pedir mi consejo sobre excavaciones en glaciares». El hombre llamado Pyke, Geoffrey Pyke, era un periodista, también científico y a decir de las personas que le conocían un agitador siempre pletórico de ideas y al que lord Mountbatten escuchaba siempre con atención. El proyecto que en aquel momento rondaba por la cabeza de Pyke era algo que parecía más propio de un soñador que de un científico, un portaaviones fabricado de hielo.

El proyecto, bautizado con el nombre de Habacuc, tenía como objetivo dotar a la RAF de una base de operaciones móvil en el Atlántico desde la que poder contrarrestar la permanente amenaza de los submarinos alemanes a los convoyes de suministros que navegaban desde Estados Unidos a Inglaterra. En aquella primera reunión,

Pyke sólo quería conocer a Perutz y fue unos meses después cuando en una segunda reunión, Pyke le remitió a su común amigo John Desmond Bernal, experto en cristalografía y comunista declarado. Bernal sería poco después el inventor de los puertos prefabricados utilizados en el desembarco de Normandía, pero en aquella reunión Bernal encomendó a Perutz que realizara un estudio de las posibilidades de reforzar la dureza del hielo como material de construcción. A pesar de sus reticencias sobre el hielo, Perutz empezó a trabajar en la posibilidad de un hielo reforzado a partir de los estudios del profesor Herman Mark, que había dado clases a Perutz en Viena. Mark había añadido fibras de algodón y pulpa de madera a los plásticos obteniendo una gran dureza y eso mismo se hizo con el agua antes de congelarla consiguiendo también una dureza extraordinaria. El proyecto se puso en marcha y para ello la Oficina de Operaciones Combinadas se hizo con un edificio de cinco pisos bajo el mercado de Smithfield, que había sido una gran carnicería y asignó hombres y equipos a Perutz para trabajar a dieciséis grados bajo cero en aquel inmenso subterráneo. Los trabajos de experimentación con el hielo reforzado, sin que Perutz conociera su objetivo, resultaban satisfactorios y el inventor de la idea, Pyke, viajó en aquellos días a Canadá para hacer las primeras pruebas con el material congelado obtenido al que llamaron «pykreto». Pero mientras Pyke seguía entusiasmado con su idea, el Almirantazgo británico se mostró primero escéptico y luego contrario a la idea del Habacuc. La idea de utilizar plataformas de hielo ya había sido desechada por la fragilidad del material, pero el descubrimiento de «pykreto», consideraba Pyke, lo hacían viable. Poco a poco se fueron abordando y solucionando los problemas teóricos que Habacuc presentaba, como los motores para hacerlo navegar o el lugar donde se debía construir, pero a mediados de 1943 lord Mountbatten, firme defensor del Proyecto Habacuc dejó el cargo de jefe de Operaciones Combinadas y fue enviado a Extremo Oriente. Al mismo tiempo, los norteamericanos, que debían ocuparse de la fabricación del hielo reforzado pusieron serias objeciones por la ingente necesidad de acero para construir la estructura de fabricación del hielo. Y el argumento final, el que hizo abandonar el proyecto, fue la consideración de que en aquel momento ya había suficientes bases aéreas en tierra para garantizar la operatividad de la aviación. El proyecto fue abandonado.

Habacuc, el arma congelada

El portaaviones ideado por Pyke y diseñado por su equipo era más una plataforma flotante que un buque, debía desplazar dos millones doscientas mil toneladas con una eslora de 650 metros y una manga de 65, lo que permitiría el despegue de bombarderos pesados. El calado rondaría los treinta metros, lo que no suponía un problema dado que nunca debía acercarse a tierra. Su autonomía debía ser de 11.000 kilómetros con sus 26 motores eléctricos de tres mil caballos de fuerza en total, instalados a ambos lados del casco en barquillas individuales. Su velocidad, la menor posible, sería de siete nudos y la dificultad que nunca pudo ser soslayada fue la de gobernar semejante monstruo, pues era inviable construir un timón de más de quince pisos de altura. En cuanto al material, las pruebas de resistencia habían sido lo más positivo pues el introducir fibra de madera en el agua antes de la congelación le daba una resistencia increíble. Los impactos de proyectiles, aún de gran calibre, no lograban quebrarlo y el proyectil se limitaba a penetrar en la estructura y quedarse atrapado o rebotaba sin más daño. Tampoco era posible que Habacuc se hundiera, pero todas esas ventajas no fueron suficientes para soslayar el principal problema, el lugar y los suministros necesarios para su construcción. La evolución de la guerra, con nuevos modelos de aviones con mayor autonomía y la posibilidad de utilizar como base las islas Azores en el Atlántico fueron los factores determinantes para abandonar el Proyecto Habacuc.

Los hombres del Proyecto

Max Perutz, nacido en Viena en 1914, se había licenciado en Química en la Universidad de Viena en 1935 y al año siguiente se trasladó a Cambridge, donde siguió sus estudios bajo la dirección del doctor John Desmond Bernal. Fue allí donde desarrolló sus estudios sobre la hemoglobina y después de la guerra, en 1950, dirigió los estudios de James D. Watson y Francis Crick sobre la estructura del ADN y fue en 1962 cuando consiguió el Nobel de química junto a John Kendrew por sus estudios sobre la hemoglobina. Miembro de la Royal Society y de diversas Academias falleció en 2002 a la edad de 83 años.

El hombre que gestó la idea de Habacuc y que buscó la ayuda de Perutz se llamaba Geoffrey Joseph Pyke Nathaniel. Había nacido en Londres en 1893 en el seno de una familia judía cuya madre, viuda cuando Geoffrey tenía sólo 5 años, se empeñó en que su hijo luciera un aspecto de judío ortodoxo algo que Geoffrey detestaba hasta el punto de que a los 13 años se declaró ateo. Su familia y sus amigos renegaron de él a partir de entonces ganándose el desprecio del *stablishment* judío de la época. Tras sus estudios en la Escuela Pública Wellington consiguió ser admitido en el Pemborke College para estudiar derecho, pero el estallido de la Primera Guerra Mundial trastocó sus planes y consiguió ser enviado a Alemania como corresponsal de guerra del *Daily Chronicle* con un pasaporte falso. Su cobertura no duró más que seis días y las autoridades alemanas lo detuvieron y lo enviaron a un campo de concentración. Con una gran fuerza de voluntad e ingenio, Pyke superó una neumonía y diversas intoxicaciones además de una deficiente alimentación y no sólo eso, sino que en junio de 1915 consiguió escapar y volver a Inglaterra donde ya permaneció hasta el fin de la guerra sin ser enviado al frente por

El *HMS Formidable* fue un portaaviones que sirvió en la Royal Navy durante la Segunda Guerra Mundial.

su condición de huido de un campo de internamiento. En el periodo de entreguerras Pyke se dedicó a hacer dinero en la bolsa y fundó la Malting House School, basada en el método Montessori, que estaría dirigida por la psicóloga Susan Sutherland Isaacs (1885-1948), un proyecto en el que le ayudó su esposa Margareth hasta que en 1927 el hundimiento de la bolsa acabó con la escuela y con su fortuna. La depresión, las deudas y la separación de su esposa hicieron mella en él y la Guerra Civil española le sirvió de acicate para volver a la actividad, empeñándose en la ayuda a los republicanos españoles para los que inventó un sistema de ambulancias montado en motocicletas norteamericanas Harley. En esa línea organizó el envío de todo tipo de suministros a los republicanos españoles, como herramientas, caballos, colchones, e inventó un sustituto de los vendajes para las heridas reemplazándolo por un método aprendido durante la Primera Guerra Mundial, usando turba secada al sol.

En el verano de 1939, antes del estallido de la Segunda Guerra Mundial, Pyke inició una extraña colaboración con los servicios de inteligencia británicos tratando de obtener entrevistas con ciudadanos alemanes contrarios al régimen nazi, pero el estallido de la guerra trastocó sus planes. El resultado más práctico de aquella aventura fue que obtuvo una serie de contactos con las altas esferas que marcarían su actividad posterior. Fue a partir de las operaciones militares en Noruega cuando Pyke empezó a desarrollar su enorme imaginación en lo que respecta a ingenios militares el primero de los cuales fue un vehículo para el trasporte de soldados sobre la nieve, algo que finalmente fue desarrollado como el transporte oruga, el M-29.

A pesar del fracaso del Proyecto Habacuc, Pyke había tenido infinidad de ideas a cuál más original y algunas evidentemente prácticas, como la de construir tuberías de suministro de combustible a través del Canal de la Mancha, y finalizada la guerra ideó un sistema de funcionamiento de los ferrocarriles a base de hombres pedaleando sobre vehículos semejantes a las bicicletas, un modo, decía, de ahorrar combustible que era necesario en otras funciones. El 21 de febrero de 1948, Pyke ingirió todo un tubo de pastillas para dormir dejando varias notas en las que quedaba claro que para él la vida ya había terminado.

Una aventura llamada Handcuff

En noviembre de 1942, mal que bien, continuaba el avance alemán
en el sur del frente ruso, a la altura del río Terek, mientras el Ejército Rojo preparaba el cerco del 6° Ejército alemán en Stalingrado.
Montgomery, al mando del 8° Ejército británico atacaba de nuevo
en el frente de El Alamein forzando la retirada del Afrika Korps y
a mediados de mes la Wehrmacht ocupa la Francia de Vichy, nominalmente independiente desde la rendición en 1940. Hacia el final de
mes, los alemanes estaban a las puertas del Cáucaso y los británicos
habían entrado en Libia. Así pues, lo que antes se consideraba un
frente secundario, Grecia y en especial sus islas, acababan de adquirir una cierta importancia. Desde tiempo atrás, el Estado Mayor de
Planificación Conjunta británico había insistido en la importancia de
ocupar las islas del Dodecaneso, en el sur de Grecia, para controlar
el Mediterráneo Oriental y en especial el acceso al Canal de Suez,
pero no fue hasta ese momento en que Churchill aceptó los preparativos para lo que se llamó la Operación Handcuff que consistía en
la ocupación de las islas de Rodas y Kárpatos (Scarpanto), dentro
de un operativo más amplio llamado Accolade que incluía todas las
islas del Dodecaneso. Rodas, todo y siendo la isla más grande del
archipiélago, tiene poco más de 1.400 kilómetros cuadrados mientras
que Kárpatos apenas llega a los 320, pero ambas suponían un importantísimo punto de apoyo en la navegación por el Mediterráneo
Oriental. Las dos islas habían sido ocupadas por tropas italianas y
alemanas, estas últimas escasas y los británicos contaban con importantes fuerzas estacionadas en Chipre y Oriente Medio, en especial
la 8ª División de Infantería del Ejército anglo-indio al mando del
Mayor General Dudley Russell. Para el desarrollo de Handcuff, los
británicos precisaban la ayuda de las fuerzas norteamericanas que
operaban en el norte de África, pero el general Eisenhower no estaba dispuesto a distraer sus fuerzas empeñadas en las operaciones de
asalto a Sicilia y a la península italiana por lo que la operación no
estaba todavía autorizada. No obstante, los británicos esperaban que
todo estuviera listo para las primeras semanas de noviembre cuando
un acontecimiento inesperado vino a cambiar las condiciones en el

El 22 de enero de 1944, los Aliados desembarcaron
en las costas de Anzio, en Italia.

teatro del Mediterráneo. El 25 de julio de 1943 se produce un golpe de Estado en Roma encabezado por el general Badoglio y Benito Mussolini es destituido y encarcelado. Aquella acción provoca en
primer lugar el armisticio firmado entre Italia y los Aliados el día 15
de septiembre e inmediatamente la ruptura de la alianza italiana con
Alemania y la entrada en guerra del lado de los Aliados. En aquellas
condiciones, los británicos paralizaron la Operación Handcuff ante
la duda de qué iban a hacer las fuerzas italianas destacadas en Rodas
y Kárpatos. Un documento confidencial fechado en agosto de 1943
decía textualmente «Una vez que Italia esté fuera de la guerra, la
disponibilidad de recursos para la Operación Handcuff dependerá
de la prioridad acordada en el "Cuadrante" para las operaciones en
el Mediterráneo». El texto seguía explicando que a partir de ese momento tenían prioridad las operaciones en la Italia continental y en
los Balcanes, con lo que Handcuff pasaba a ser algo de poca importancia. Efectivamente, Eisenhower reclamó prioridad a la operación
en Italia y el 24 de septiembre los británicos trasladaron a Tarento la
8ª División para participar en la campaña de Italia. Finalmente, la
Operación Handcuff fue desestimada, el material para un desembarco anfibio era totalmente necesario en escenarios de primer orden,
Anzio, Provenza y Normandía.

Un plan imposible

Tras el cambio de bando de Italia, Churchill esperaba que la presencia de más de 35.000 soldados italianos controlando Rodas les diera alguna ventaja, pero los alemanes reaccionaron con rapidez y los siete mil soldados al mando del Teniente General Ulrich Kleemann tomaron el control de Rodas sustituyendo a las fueras italianas que en aquel momento quedaban bloqueadas y fuera de juego. Por pocos días pareció que la Operación Handcuff se llevaría a cabo pues la fuerza expedicionaria británica había ya variado sus objetivos en el resto de las islas del Dodecaneso y se iba a centrar en Rodas y Kárpatos lanzando sobre ellas una serie de bombardeos de preparación y posteriormente un asalto anfibio, pero las lanchas de desembarco nunca llegaron a las bases en Chipre y el portaaviones *USS Kitty Hawk*, considerado más un buque adaptado para el transporte de aviones que un auténtico portaaviones, fue el único buque que los norteamericanos se decidieron a aportar a la operación. Ni siquiera el viaje a Rodas de incógnito del comandante británico conde de Jellicoe, para entrevistarse con el gobernador italiano de la isla, almirante Campioni, pudo impedir que los alemanes controlasen la situación. Nada más conocerse la firma del armisticio de Italia, los soldados alemanes ocuparon los puntos más sensibles de la isla donde se produjeron algunos enfrentamientos esporádicos con los italianos y pocas horas después el comandante italiano se rendía a los alemanes.

La Operación Culebrina y Churchill

Si algo caracteriza la relación entre el Reino Unido y Estados Unidos durante el desarrollo de las operaciones militares esto es la personalidad de Winston Churchill, el primer ministro británico y la jerarquía militar estadounidense, dirigida por Eisenhower y con pesos pesados como Patton, Marshall o MacArthur. Para Churchill la guerra contra el Eje era como una partida de ajedrez en la que se debían ir tomando posiciones y planeando jugadas paso a paso, por algo era un político, pero los generales norteamericanos, el presidente Roosevelt y a veces los mismos generales británicos, tenían una visión más del «far west», es decir, de proyectos ambiciosos, drásticos y basados siempre en las consideraciones militares más que las políticas. A propósito de esta afirmación, entre el 17 y el 24 de agosto se celebró en la ciudad canadiense de Quebec una conferencia militar altamente secreta donde se establecieron algunos planes que, básicamente, se centraron en el previsible abandono de Italia del Eje, la apertura del segundo frente en Francia y otras cuestiones de gran importancia como el desarrollo de la bomba atómica. No faltó tampoco la referencia al Pacífico, aunque las operaciones en aquella zona recaían en los norteamericanos en un alto porcentaje, pero Churchill tenía sus propias ideas y una de ellas se plasmaba en la llamada Operación Culebrina que el mismo Churchill expuso en la conferencia.

El dominio japonés de las antiguas colonias holandesas en Indonesia era total y en especial era preocupante su control del estrecho de Malaca, la ruta marítima entre la India y el Océano Pacífico. En esas fechas, 1943, era impensable recuperar el archipiélago de Indonesia, algo que sobre todo los norteamericanos veían claramente, pero Churchill tenía sus razones político-estratégicas para intervenir en aquella zona y planteó un movimiento táctico, se podría decir, avanzar algunos peones en la isla de Sumatra. Sin llegar a ocupar la isla, algo a lo que los japoneses se opondrían con todo su potencial, Churchill planteó un ataque limitado a la zona noroccidental, la provincia de Aceh, con un argumento muy meditado «tendríamos en

Churchill, en la imagen junto a Eisenhower, fue muy consciente desde un principio de la necesidad de la ayuda de Estados Unidos para hacer frente a la amenaza alemana.

nuestro poder un punto contra el que los japoneses deberían atacar si quisieran evitar el terrible coste que impondría nuestra acción a sus transportes marítimos». Para los estrategas norteamericanos aquella operación, con la previsible reacción de los japoneses implicaría variar todos los planes estratégicos de cerco sistemático del Japón que ya se llevaba a cabo con las acciones del Mar del Coral, Midway, Nueva Guinea, las Salomón o la campaña de Birmania. Fue el general Marshall quien expuso en un memorándum la opinión de los norteamericanos al respecto «por muy lucrativa y exitosa que pueda ser Culebrina, parece que hay mucho más que ganar si empleamos todos los recursos ahora disponibles en una acción a gran escala en Birmania». La idea de Culebrina fue rechazada, aunque a finales de 1944 se retomó al menos en teoría cuando lord Mountbatten tomó el mando de las fuerzas aliadas en el sudeste asiático, pero la presencia de la todavía poderosa flota japonesa no aconsejaba operaciones anfibias en la zona. La mayor parte de los buques japoneses tenían su base en Singapur mientras que el grueso de la flota norteamericana se batía en zonas muy alejadas de Sumatra y no estaba dispuestos a abandonar sus operaciones para llevar a cabo Culebrina. Mientras se discutía la viabilidad o no de la operación en Sumatra la guerra fue tomando el curso conocido y no fue hasta mediados de 1945 en que se abandonó definitivamente el plan sustituido por el desembarco en la península malaya y en Birmania.

Los detalles de la operación

Cuando Churchill propuso la Operación Culebrina en la conferencia de Quebec era obvio que las condiciones no eran las adecuadas, pero en junio de 1944 podía parecer viable y fue entonces cuando se concretaron más los planes. El desembarco principal se llevaría a cabo en la zona de Bireuen en la costa norte de la isla de Sumatra y en un punto algo más al este, Diamond Point. El dominio de la costa se centraría en una estrecha franja sin internarse más al sur de la isla, pero suficiente para controlar el tráfico marítimo. Dos desembarcos más, menores, tendrían lugar en Meulaboh y en la pequeña isla de Simeulue como modo de proteger el desembarco principal. El principal problema, común a toda operación anfibia, era la dotación de buques necesaria que debía ser cubierta por los norteamericanos, enfrascados en la lucha en el centro y sudoeste del Pacífico y la cobertura aérea precisaba el traslado de todos los portaaviones de la Royal Navy comprometidos en otras acciones. Según las apreciaciones de Winston Churchill serían necesarios unos 15.000 hombres para la Operación Culebrina, pero los estrategas norteamericanos no estaban de acuerdo pues calculaban que en una operación mucho más modesta, la captura de la isla de Andaman, se habían calculado unos 50.000.

Operación Brimstone

El desembarco de los Aliados en Sicilia en la noche del día 9 de julio de 1943 no fue una operación planeada estratégicamente como podría pensarse. La apertura de un segundo frente para aliviar a la Unión Soviética de la presión alemana había sido una cuestión abierta desde un año antes con conversaciones y planes entre británicos, norteamericanos y soviéticos, planes que habían sido cambiados y cancelados en varias ocasiones hasta que los anglo-americanos optaron primero por el desembarco en el norte de África y posteriormente en Italia, aunque el asalto a la península italiana debía tener antes, necesariamente, un prólogo en alguna de las islas, Córcega, Cerdeña o Sicilia. En mayo de 1942, el Afrika Korps de Rommel había sido derrotado en el norte de África y el Cuartel General aliado sopesó las diferentes posibilidades de asalto hacia el norte y finalmente se decidió por Sicilia, la Operación Husky, pero también estuvo sobre la mesa, con un detallado plan, la Operación Brimstone, también conocido como Azufre, el desembarco en Cerdeña. Un documento del Cuartel General Aliado fechado el 17 de mayo decía: «Aunque esta operación no ha sido aprobada todavía por los jefes del Estado Mayor Combinado, se considera que debería nombrarse a los comandantes de las fuerzas y que sería preciso comenzar ya la planificación, de manera que si ha de emprenderse, el plan acordado esté listo y no se pierda tiempo».

El asalto a Cerdeña fue seriamente valorado en su momento por el general Marshall, comandante en jefe de las fuerzas anglo-americanas en el sur de Europa, una vez descartado el ataque directo a Francia por el sur, pero desde el primer momento Marshall se decantó por Sicilia, frente a los británicos que prefería Cerdeña o Córcega, debido a su posición inmejorable frente a la península italiana y prácticamente a la misma distancia que Cerdeña de la costa africana. En algún momento se barajó la posibilidad de que los Aliados filtraran el supuesto plan de invasión de Cerdeña para confundir a los alemanes, pero lo cierto es que sí existía el plan Brimstone que en 1944 se volvió a revivir con el nombre de Azufre.

La situación de Cerdeña a principios de 1943 era la de una importante base aérea alemana como parte del despliegue de casi mil aparatos en el sur de Italia, incluyendo Cerdeña y Sicilia. También la aviación italiana tenía importantes instalaciones en la isla y toda ella era un búnker. Durante los primeros meses de septiembre, los Aliados bombardearon intensivamente la isla, es especial la capital, Cagliari y los aeródromos, pero tras el golpe de Estado de Badoglio y la quiebra del régimen fascista la situación se volvió insostenible. Los alemanes, al mando del general Frido von Senger und Etterlin, no podían confiar en los italianos, divididos en cuanto a su fidelidad a sus aliados alemanes, pero Von Senger no tenían fuerzas suficientes como para cumplir las órdenes del Alto Mando alemán de desarmar a los italianos. La defensa de las costas de Cerdeña y Córcega estaban a cargo del 7º Cuerpo de Ejército italiano, con cuatro divisiones mientras que los alemanes sólo contaban con una brigada, la Sturmbrigade Reichsführer-SS bien armada pero insuficiente. El mando alemán, ante la situación incontrolable, optó por evacuar Cerdeña y concentrar sus fuerzas en Córcega donde se produjeron los incidentes más notables entre las fuerzas alemanas y sus, hasta el momento, aliados italianos.

A las discrepancias entre norteamericanos y británicos sobre si debía desembarcarse en Cerdeña o Sicilia se añadía también la postura de los franceses de la Francia Libre que abogaban por el desembarco en su isla, Córcega, no sólo por su simbolismo sino porque esperaban obtener reclutas suficientes para su ejército y al mismo tiempo contar con una base para operaciones posteriores en el sur de Francia. El desembarco en Sicilia y posteriormente el de Anzio, en

Con la invasión aliada en Sicilia, las rutas del Mediterráneo quedaban
despejadas y se abría el camino hacia la invasión aliada de Italia.

enero de 1944 hicieron desistir finalmente de la Operación Brimstone.
Los norteamericanos temían todavía que desde las bases aéreas de la
Luftwaffe en Cerdeña se pudieran atacar a las fuerzas en Sicilia, pero
lo cierto es que ya no había fuerzas alemanas en la isla. Las escasas
unidades que quedaban en Cerdeña no eran capaces de representar
un peligro para los Aliados en Italia y Azufre fue definitivamente
abandonada.

Los datos de una operación imposible
En 1943, cuando se tuvo la primera idea del ataque a Cerdeña no se
detallaron las fuerzas que deberían tomar parte y sólo se hacía una
referencia al material de desembarco utilizado en la Operación Husky, el desembarco en Sicilia al igual que la cobertura aérea. Pero fue
más tarde cuando la operación se concretó con más detalle.

El ataque principal a Cerdeña lo debería realizar el Sexto Cuerpo estadounidense integrado por unidades norteamericanas y francesas más el V° Cuerpo de Ejército británico con tres divisiones y la 82ª Division Aerotransportada de Estados Unidos. Los puntos de asalto a la isla serían cinco nombrados con las primeras letras del alfabeto. Cinco puntos en calas más o menos solitarias situadas la primera en el cabo Pecora, y las otras en Fontana a Mare y Suergiu como zonas principales y las de Quartu (cerca de Cagliari) y Muravara como apoyo. El día 9 de septiembre de 1943, cando los alemanes de acuerdo con la guarnición italiana, evacuaron Cerdeña, la Operación Brimstone quedó en suspenso y no fue hasta después del desembarco en Sicilia cuando se retomó la idea ya con el nombre de Operación Azufre.

Fridolin von Senger und Etterlin

El alemán que con sus decisiones desactivó la Operación Brimstone, el general Fridolin von Senger und Etterlin, era uno de esos militares de rancia tradición, hijo de una familia de la pequeña nobleza del antiguo estado de Waden-Wurtemberg. Reacio al nacionalsocialismo alemán se limitó a hacer su trabajo en el Ejército sin inmiscuirse ni con los mandos fieles a Hitler ni tampoco con los conspiradores del atentado de Rastenburg. Nada apreciado por Hitler, tomó sus propias decisiones a la hora de evacuar las islas de Cerdeña y Córcega, indefendibles, a pesar de las órdenes del Führer, pero su valía hizo que le asignaran el mando de las fuerzas del IV° Ejército Panzer en el centro de Italia realizando una eficaz defensa de Monte Cassino hasta mayo de 1944. Finalizada la guerra escribió sus memorias *Ni miedo ni esperanza* y falleció en Friburgo en 1963 a los 71 años de edad. Su hijo Ferdinand Maria von Senger und Etterlin fue también un prestigioso soldado, jurista e historiador y llegó a comandar las fuerzas de la OTAN como general de la Bundeswer, el ejército de la República Federal Alemana.

Operación Bulldozer

En el ámbito del espionaje y también de la literatura de espionaje es de sobra conocido el nombre de Ian Fleming, agente del MI6 británico, experto en operaciones especiales y creador de las novelas del mítico James Bond. No es tan conocido su hermano mayor Peter, también escritor y agente secreto cuyo cometido fue el de organizador de operaciones especiales en la retaguardia enemiga. Peter Fleming estuvo destacado principalmente en el sudeste asiático y en China donde ayudó a las guerrillas nacionalistas de Chiang-Kai-Chek contra los japoneses y también en Noruega, en Grecia y en la India. Precisamente fue su trabajo en oriente, ayudando a las guerrillas chinas en Birmania, el que le involucró en una de las operaciones más imposibles e inverosímiles de la guerra en aquella parte del mundo, la Operación Bulldozer. Desde muchos puntos de vista se dice que la Operación Bulldozer fue un invento de Peter Fleming que nunca se pensó en llevarla a la práctica y cuya finalidad era contentar las exigencias de Chiang-Kai-Chek que no era conocido por su buen carácter precisamente. El dirigente chino montó en cólera cuando los aliados abandonaron un plan de invasión del archipiélago de Andamán al sur de Birmania, parte del acuerdo al que habían llegado por el que las guerrillas chinas hostigarían a los japoneses en el norte, en la frontera entre Birmani y China, mientras los británicos lo harían en el sur. El abandono de la acción de Andamán se sumaba a la incapacidad de las fuerzas británicas para tomar el importante puerto de Akyab, en la costa birmana, al que habían atacado los británicos de la 14ª División India y el XV Cuerpo del general Sir Philip Christison y que los japoneses habían conseguido rechazar. Fleming, encargado de las relaciones con Chang-Kai-Chek y de conseguir su colaboración en la campaña de Birmania, tuvo entonces la idea de la Operación Bulldozer. Fuera o no real el plan, Fleming convenció al dirigente chino de que una acción anfibia de asalto tendría lugar en la primavera de 1944 para controlar el importante puerto de Akyab, en el estuario del río Kaladan y su base aérea. La ciudad, capital del estado birmano de Rakhine, tenía una población de alrededor de 30.000 habitantes en aquella época, un importante puerto y el aeró-

Soldados japoneses en el ataque entre Humulin y Thaungdut, en sus esfuerzos por cortar la carretera de Imphal a Kohima, en Birmania.

dromo cercano, hoy en día el aeropuerto internacional de Sittwe. No hay datos fidedignos de si la Operación Bulldozer llegó a tenerse en cuenta en los planes británicos, tal vez era sólo un señuelo para engañar a los japoneses, pero desde luego no llegó a producirse máxime teniendo en cuenta que en marzo de 1944, cuando debía llevarse a cabo el ataque, los japoneses lanzaron una gran ofensiva en el norte contra las posiciones británicas en Kohima y Imphal, ya en territorio indio. Fue Peter Fleming quien informó a Chang-Kai-Chek de que Bulldozer era imposible pues todo el esfuerzo británico, especialmente el aéreo, se concentraba en detener a los japoneses en el norte.

La Operación Bulldozer debía producirse en la zona de Akyab (Sittwe), con la participación de la 36ª División India y la 50ª Brigada Paracaidista, pero cancelada en aquel momento, el caso es que a principios de 1945 se desarrolló la Operación Romulus, el contraataque británico en Birmania, donde tuvo una importancia básica el desembarco y control de Akyab[6].

6. Existe una detallada explicación de la Operación Romulus en https://www.combinedops.com/BURMA%20COMBINED

La personalidad de Peter Fleming

Peter Fleming era el mayor de los hijos de Valentine Fleming, miembro del Parlamento por el Partido Conservador a su vez hijo del banquero escocés Robert Fleming. Peter nació en Londres, el 31 de mayo de 1907 y con sólo 10 años quedó huérfano de padre cuando Valentine, mayor en el Regimiento de Caballería Oxfordshire, cayó en combate en los alrededores de Guillemont, en el frente francés. Su madre, la bellísima Evelyn St. Croix Rose tuvo que criar sola a sus cuatro hijos, Peter, Ian, Richard y Michael. La formación de Peter, de alto nivel, pasó por el exclusivo colegio de Eton y la Universidad de Oxford donde fue editor del periódico universitario, el Eton College Chronicle. Tras un intento fallido de dedicarse a la banca de la mano de su abuelo, se dedicó al periodismo con agresivos artículos en la revista *The Spectator* y huyendo de las dificultades con editores y suscriptores acabó viajando primero a Guatemala y luego a China. En 1932 participó en la aventura brasileña de búsqueda del coronel Percy Fawcett[7] y como resultado publicó un magnífico libro de viajes *Aventura brasileña* y consiguió que el *Times* le enviara de corresponsal a Manchuria, invadida por los japoneses. Su carrera literaria continuó con libros de viajes, novelas y un relato de ficción en el que Hitler volaba clandestinamente a Inglaterra (algo que no hizo Hitler, sino Rudolf Hess). De su época de estudiante, Peter Fleming conservaba la amistad de Winston Churchill y eso y su experiencia como viajero y su capacidad imaginativa, le hizo formar un grupo que podríamos llamar de «operaciones especiales» capaz de imaginar las más audaces y extrañas acciones de guerra. Todos los críticos literarios coinciden en que Ian, su hermano menor, se decidió a escribir influido por Peter y que éste era tan bueno, literariamente hablando, como el autor de James Bond a quien siempre apoyo y animó. Finalizada la guerra, Peter siguió escribiendo relatos bélicos y de viajes y retirado en su finca de Escocia, falleció en un accidente de caza el 9 de agosto de 1971.

---

7. Fawcet, militar, explorador y arqueólogo había desaparecido en la selva brasileña en 1925. Nunca fue encontrado.

Operación Catherine, la guerra en el Báltico

Tan pronto como el día 6 de septiembre de 1939, apenas tres días
después de la declaración de guerra del Reino Unido y Francia a la
Alemania de Hitler, Winston Churchill, entonces Primer Lord del
Almirantazgo, llamó a su despacho al William Boyle, conde de Cork
y Orrery, comandante en jefe de la Royal Navy para proponerle un
primer plan de guerra contra Alemania. Churchill propuso al almirante el despliegue de la Flota en el mar Báltico, una idea que ya
se había barajado en 1915 a propuesta de John Arbuthnot Fisher y
que Churchill consideraba muy factible. Según lord Fisher la idea de
controlar el Báltico tenía como objetivo desembarcar tropas británicas en Pomerania, tras las líneas alemanas, pero Churchill lo que
pretendía en 1939 era bloquear la flota alemana del Báltico e impedir
el trasiego comercial con los países bálticos, con la Unión Soviética
(entonces aliada de Alemania) y sobre todo con Suecia y su acero. A
tal fin, pocos días después, el día 26 la Royal Navy presentó el primer
proyecto de la que se llamó Operación Catherine. El principal problema era la escasa preparación estructural de los buques de la Armada
para resistir las nuevas armas, la aviación y lo submarinos. El tiempo
obraba en contra pues no era posible construir los barcos adecuados
de inmediato y la única posibilidad era reforzar los existentes, los
acorazados de la clase Revenge que eran los más adecuados.

Uno de los problemas principales era el escaso calado del mar
Báltico y para ello se diseñó un doble bulge[8] a los acorazados, lo que
reduciría su velocidad a 12-13 nudos pero la velocidad no lo consideraban un problema en el pequeño espacio donde debían operar. De
ese modo se pensaba obviar el peligro de los torpedos, pero quedaba el de ataques aéreos y para ellos se añadieron 2.000 toneladas de
blindaje en las cubiertas eliminando dos torretas para compensar el
aumento de peso. La propuesta de Churchill más innovadora, por
decirlo de alguna manera, fue la de enviar un portaaviones a la Es-

---

8. Compartimento lateral en ambos costados del buque que lo elevan sobre el
nivel del mar y actúan como anti torpedo.

cuadra del Báltico. Otro detalle a tener en cuenta era la existencia de minas en toda la extensión a controlar y Churchill tuvo otra de esas ideas que dejaban asombrados a los marinos veteranos, construir barcos especiales con la proa reforzada y la tripulación únicamente en la popa. En cuanto a la fuerza que debía concentrarse para la Operación, el almirante Cork exigía los tres acorazados ya destacados, más tres cruceros pesados, dos ligeros, dos flotillas de destructores, una de submarinos y abundantes buques auxiliares, petroleros y barcos-taller. Desde el primer momento el almirante Dudley Pound, jefe de la Flota, se opuso al plan por considerar que la Royal Navy necesitaba sus buques en otros escenarios de la guerra y finalmente los acontecimientos subsiguientes, como el avance japonés en Extremo Oriente y la ocupación de Dinamarca y Noruega hicieron desistir de Catherine.

La única salida a mar abierto de Alemania era lógicamente el Mar del Norte, pero ahí la superioridad y el control por parte del Reino Unido era evidente. Churchill se había ocupado de repartir la flota por varias bases evitando concentrarla en Scapa Flow y manteniendo su superioridad sobre la flota alemana, pero desde su cargo de Primer

El *Admiral Graf Spee* en llamas frente al puerto de Montevideo.

Lord del Almirantazgo o el posterior de Primer Ministro consideraba también que el mar Báltico era importante y debía ser interrumpida la navegación por él. Ya en el mes de octubre, Churchill ordenó que se construyeran los medios necesarios para la Operación Catherine pero se enfrentó con la oposición del Primer Lord del Mar, Almirante Dudley Pound con argumentos irrebatibles. Falta de medidas antiaéreas, inseguridad sobre la actuación del Japón y de la URSS y de la colaboración de Noruega y Suecia. Los buques clase Revenge eran necesarios en el Mar del Norte y los astilleros británicos no podían asumir la construcción de más barcos.

Operación Zipper

El 22 de agosto de 1945 tuvo lugar en el Hotel Raffles de Singapur un acto dramático que durante años ha permanecido en el anonimato como tantas otras acciones del tiempo de guerra. A pesar de que el Japón se había rendido el día 15 de agosto, por orden imperial, la ciudad de Singapur seguía ocupada por un fuerte contingente japonés y lord Mountbatten, Comandante Supremo Aliado del Comando del Sudeste Asiático, no tenía la seguridad de que la oficialidad japonesa obedeciera las órdenes de rendición del comandante japonés, general Itagaki Seishiro. De hecho, el general Seishiro se había mostrado reacio y antes de obedecer la orden imperial de rendición lo había consultado con su inmediato superior, el Mariscal de Campo, Conde Terauchi, comandante del Ejército Japonés del Sur en el Sudeste Asiático quien le había ordenado la rendición. El día 20 de agosto, el general Seishiro comunicó su decisión a lord Mountbatten y éste desactivó una operación ya en marcha, la Operación Zipper. Dos días después, el 22, trescientos oficiales japoneses de la guarnición de Singapur se reunieron en el Hotel Raffles, un antiguo y lujoso establecimiento construido en 1887 donde dieron una gran fiesta. Finalizada, en cumplimiento estricto del bushido, los trescientos oficiales se suicidaron utilizando granadas de mano.

De aquel trágico modo, una flota británica se presentó el 1 de septiembre ante Singapur pero siguiendo instrucciones del general

McArthur aguardaron hasta las 9 de la mañana del día siguiente para el desembarco pues ese día y a esa hora se firmaba en la bahía de Tokio la rendición incondicional del Japón. Tal era todavía el escepticismo de los Aliados sobre la actitud del contingente japonés.

El desenlace

La fuerza de asalto británica había partido de Rangún y Tricomale el 21 de agosto de 1945. La componían el crucero HMS Cleopatra como buque insignia, varios buques de escolta y los transportes de tropas con la 5ª División de Infantería India más la 37ª Brigada de la 23ª División India, todo ello a la espera de reunir la fuerza de asalto necesaria. La Operación Zipper, diseñada por el Mando Supremo Aliado del Comando del Sudeste Asiático y dirigida por Louis Montbatten tenía como objetivo un desembarco masivo en Port Swettenhamy en Port Dickson, en la provincia malaya de Selamgor desde donde se atacaría Singapur desde el noroeste. La operación podía haber sido una de las más importantes de toda la guerra y desde luego la más numerosa operación anfibia. En total se preveía el desembarco de 182.000 hombres, 17.750 vehículos y 215.000 toneladas de suministros en un primer envío. El contingente se estaba concentrando en las ciudades indias de Bombay, Cochin, Vizagapatnam y Madrás pero a principios de mayo, cuando la rendición de Alemania era ya un hecho, los japoneses estaban al tanto de la Operación Zipper y empezaron a concentrar tropas en Malasia. La inicial ventaja de los Aliados fue decayendo poco a poco cuando se hizo patente que no había suficientes barcos para garantizar la operación y que la superioridad en efectivos de las fuerzas británicas se iba reduciendo cada vez más. Eso sin contar con que las fuerzas atacantes, en su mayor parte soldados indios, carecían de experiencia en combate. La costosa rendición del contingente japonés en Singapur llegó como una liberación para las fuerzas atacantes pues parecía evidente la superioridad japonesa y la Operación Zipper podía haber sido un desastre. Conocida la rendición y suspendida Zipper, el mando británico puso en marcha una operación secundaria, Operación Tiderace que preveía la ocupación de la zona de Singapur y el sur de Malasia sin resistencia por parte de los japoneses. El primer desembarco de fuerzas británicas tuvo lugar en Penang como un ensayo de lo que iba a suceder, pero los defensores japoneses no opusieron resistencia.

El hombre que rindió Singapur

La actitud del general japonés Seishirō Itagaki no dejaba de ser lógica teniendo en cuenta la sucesión de acontecimientos en aquellos días finales de la guerra. Para el Alto Mando japonés, desde la batalla de Filipinas y del Golfo de Leyte era evidente que no podían ganar la guerra, pero todavía estaba ante ellos una feroz resistencia en el territorio nacional y aún mantenían fuertes contingentes en el sudeste asiático, especialmente en Malasia, y en China. Por tanto, no es de extrañar que la determinación de resistencia de oficiales como el general Seishirō Itagaki fuera evidente. Pero las bombas atómicas de Hiroshima y Nagasaki cambiaron totalmente el escenario. El día 6 de agosto cayó la de Hiroshima, el 9 la de Nagasaki y el 12 un intento de golpe de Estado trató de torcer la decisión del Emperador de acabar con la guerra. Tres días más tarde, el 15, el Emperador ordenaba la rendición mediante un mensaje radiado y el día 28 de agosto desembarcaron los primeros soldados norteamericanos en Tokio. Cuando se firma la rendición del Japón el día 2, el general Seishirō Itagaki ya ha tomado su decisión, obedecer al Emperador.

Itagaki, nacido en la localidad de Morioka, era vástago de una rancia familia de samuráis, graduado en la Academia Imperial en 1904 y que recibió su bautismo de fuego en la guerra ruso-japonesa de 1905. Su carrera militar estuvo muy ligada siempre a China, primero como agregado militar en la Embajada japonesa en China y posteriormente al mando de diversas unidades en territorio chino en los años veinte. Asignado a la unidad de Inteligencia militar participó en la preparación del incidente de Mukden[9] que propició la invasión de Manchuria en 1931 y posteriormente ejerció como asesor militar del gobierno títere de Manchukuo, o lo que es lo mismo como gobernador militar japonés en lo que había sido Manchuria. Su carrera sufrió

---

9. Agentes japoneses volaron un tramo ferroviario en Manchuria de una compañía de propiedad japonesa, lo que sirvió de excusa para invadir el territorio.

Los generales Douglas MacArthur, norteamericano, y Hsu Yung Chang, chino,
observan la firma de rendición japonesa a bordo del acorazado *Missouri*
en la bahía de Tokio.

un tropiezo cuando sus fuerzas fueron derrotadas por los soviéticos
en un enfrentamiento en Nomonhan en el verano de 1939 con el resultado de más de 18.000 muertos, el doble que los rusos. Itagaki fue
relegado a un puesto secundario en Corea hasta que a principios de
1945 fue enviado a Singapur como comandante en jefe del 7º Ejército.

Finalizada la guerra fue llevado ante el Tribunal Penal Internacional formado en Tokio y acusado de genocidio en Manchuria, mal-
trato a los prisioneros y de propiciar la escalada bélica en un pequeño
periodo en que fue Ministro de la Guerra. Fue sentenciado a muerte
y ahorcado el 23 de diciembre de 1948.

Operación Baldur

En el fondo del Océano Atlántico, exactamente en la latitud 60°0'0"
norte y la longitud 19°0'0" oeste descansa un submarino alemán de
8.000 toneladas y 66 metros de eslora, un modelo del tipo VII B que

lleva el nombre de *U-47*. El día 7 de marzo de 1941, ese submarino al mando del teniente de navío Gunter Prien realizó la última comunicación por radio para responder a una noticia que acababa de recibir: el ascenso de su comandante a capitán de corbeta. Aquella misma noche, el *U-47* que formaba parte de una de aquellas «manadas de lobos» que atacaban los convoyes en el Atlántico Norte, fue alcanzado por las cargas de profundidad lanzadas por un buque de escolta, el destructor *HMS Wolverine*. El informe oficial afirmó que el *U-47* con 56 hombres había «desaparecido en combate», lo que en la guerra submarina siempre significaba el hundimiento y muerte de sus tripulantes[10].

En el momento de su hundimiento, el *U-47*, su tripulación y el capitán Gunter Prien ya habían pasado a la historia naval por una operación que había tenido lugar meses antes, el 14 de octubre de 1939 en la base británica de Scapa Flow, una de esas operaciones imposibles de las que, increíblemente, el *U-47* salió indemne. Ese día, el submarino mandado por Gunter Prien realizó la conocida como Operación Baldur, el ataque a la importante base de la flota en las islas Orcadas.

Usado ya por los vikingos, en la rada de Scapa Flow existía la base de Lynnes, la principal de la Royal Navy en el Atlántico Norte. Durante la Primera Guerra Mundial y también al principio de la Segunda, el acceso estaba protegido por buques hundidos y redes antisubmarinas, aunque después del ataque del *U-47*, Winston Churchill ordenó que se construyeran diques de hormigón para su protección. Los alemanes tenían un especial interés en el ataque a esa base porque en ella, al final de la Primera Guerra Mundial, se hundieron casi setenta buques alemanes desde acorazados como el *SMS Hindenburg*[11], de 28.000 toneladas, hasta una veintena de destructores en cumplimiento de lo estipulado en el Tratado de Versalles. El día 13 de

10. Otra versión afirma que el U-47 fue alcanzado por un torpedo de otro submarino alemán, el UA que había sido alcanzado por fuego enemigo y perdido el control de su timón y sus sistemas de disparo.

11. El *Hindenburg* gozó de la distinción de ser el último crucero de batalla en hundirse el 21 de noviembre de 1919 en Scapa Flow.

octubre de 1939 el *U-47*, mandado por el entonces teniente de navío Gunter Prien, entró en la base naval de Scapa Flow donde torpedeó y hundió al acorazado *HMS Royal Oak*, un navío de 31.000 toneladas, 189 metros de eslora, armado con veinte cañones navales y 24 anti-aéreos. 866 de sus 1.208 marineros y oficiales fallecieron en el ataque.

La operación

Toda aquella acción, no era improvisada, sino que había sido pre-parada con todo detalle. Además del *U-47*, tomó parte un pequeño submarino de exploración, el *U 14* y se realizaron varios vuelos de reconocimiento para fotografiar los accesos y las defensas. Toda la idea de la operación se gestó en el despacho del capitán de navío a Canaris, jefe de la Abwehr y recibió la aprobación del almirante Eric Raeder, jefe de la flota alemana. El plan se basó en los informes de un hombre llamado Alfred Vehring, capitán de la Marina que volvió al servicio en 1921 adscrito al servicio de Inteligencia. Instalado en las cercanías de Scapa Flow, trabajó durante un año estudiando la base hasta que finalmente comunicó a la Abwehr que había encontrado el

La noche del 14 de octubre de 1939 el acorazado *HMS Royal Oak* estaba anclado en Scapa Flow, un fondeadero en las islas Orcadas, al norte de Escocia, cuando fue torpedeado y hundido por el submarino alemán *U 47*.

modo de entrar en Scapa Flow. El plan, seguido escrupulosamente, pero también con mucha imaginación por Gunter Prien, consiste en acercarse en superficie hasta las islas Orcadas y sumergirse allí a profundidad de periscopio. Ya en posición, Prien espera la llegada de un carguero y se coloca tras él para pasar las barreras sin peligro. Las corrientes y la cercanía de la línea de costa, muy rocosa, obligan a emplear toda la pericia de la tripulación, pero finalmente consiguen emerger en el centro de la rada. Al producirse las explosiones en el *Royal Oak* nadie pensó que pudieran ser torpedos, así que sigilosamente, tal y como había entrado, el *U-47* abandonó la rada de Scapa Flow sin ningún contratiempo.

El toro de Scapa Flow
Gunter Prien había nacido en Osterfeld el 16 de enero de 1908 y con sólo 15 años ingresó en la Academia Naval donde se graduó en Náutica ingresando en la Marina Mercante. En 1929 era ya piloto naval y en 1932 obtuvo ya el título de capitán, pero la terrible depresión de los años veinte le dejó sin trabajo y se enroló como simple marinero en la Marina de Guerra sirviendo en el crucero ligero *Konisberg*. En 1935 solicitó y obtuvo su transferencia a la recién creada flota de submarinos siendo destinado al submarino *U-26* al mando del comandante Hartman. Con ese buque patrulló por las aguas españolas en el año 1938 durante la Guerra civil hasta que el día 17 de diciembre de ese mismo año consiguió el mando de su primer y único buque, el submarino *U-47* y su hoja de servicios hizo que el almirante Doenitz, jefe de la flota de submarinos, le confiara la misión. «Él, en mi opinión, poseyó todas las cualidades personales y habilidades profesionales requeridas. Le entregué todos los documentos sobre la misión y le di libertad para aceptarla o no, como él lo viera». Hasta el día de su hundimiento, Gunter Prien realizó doce singladuras, 225 días en el mar y hundiendo 162.769 toneladas lo que le sitúa entre los tres capitanes de submarino más destacados junto con Joachim Septke y Otto Kretschmer.

La Operación Aníbal

A las 12 horas del día 30 de enero de 1945, el trasatlántico *Wilhelm Gustloff*, habilitado por la Kriegsmarine como buque de transporte y nodriza para submarinos, zarpó del puerto de Gdynia, junto a Gdansk en Polonia[12], con 10.580 pasajeros, la mayor parte de ellos civiles más 1.000 cadetes submarinistas y 375 enfermeras auxiliares de la Armada. El recuento oficial del buque hablaba de 8.500 pasajeros aunque el caos era total en los puertos de la Prusia Oriental, atestados de refugiados y había a bordo muchas más personas de las censadas. El *Wilhelm Gustloff* salió de la bahía de Gdansk en cuya entrada le esperaban los buques de escolta, sólo dos dragaminas y un velero. El tiempo era infernal, con una temperatura de 23 grados bajo cero y un viento gélido, con las aguas del Báltico cubiertas de hielo. A fin de no ser localizado por posibles submarinos soviéticos, el buque navegaba sin luces, pero al cabo de unas nueve horas de navegación, el capitán del buque, Friedrich Petersen recibió un comunicado sobre la presencia de un dragaminas alemán navegando en su ruta por lo que encendió las luces para evitar una colisión. Fue entonces cuando lo localizó el submarino soviético *S-13* al mando del capitán Aleksandr Marinesko. Marinesko no intentó averiguar de qué buque se trataba o cuál era su misión, armó los torpedos, se colocó en posición y disparó contra el buque. En 42 minutos, el *Wilhelm Gustloff* se fue a pique llevándose la vida de 9.343 personas. La rápida acción de los dragaminas de escolta y de otras pequeñas embarcaciones llegadas rápidamente consiguieron salvar a 1.239 personas que había armado los botes salvavidas o se habían lanzado al agua.

La acción llevada a cabo por el buque *Wilhelm Gustloff*, intentado evacuar a más de 10.000 personas ante el avance las fuerzas del Ejército Rojo tenía un nombre, Operación Aníbal, la más grande operación de evacuación efectuada hasta la fecha que tenía como objetivo sacar a más de un millón de personas, civiles y militares, de las zonas que el Reich consideraba ya como indefendibles, como

---

12. Para los alemanes Gdynia era Gothenhafen y Gdansk, Danzig.

Prusia Oriental, el corredor polaco y los países bálticos. Tradicionalmente zonas de conflicto entre alemanes y eslavos (polacos y rusos) el III Reich alemán había asimilado aquellos países expulsando a las poblaciones no alemanas y eso, añadido al trato dado a rusos y polacos durante los años de ocupación, hacían prever una catástrofe cuando llegaran las tropas del general Rokossovsky. En realidad, eran los altos mandos militares los que sabían que esos territorios eran indefendibles y prepararon su evacuación porque por el lado de Adolf Hitler y su fiel guardia nazi, los miembros del Partido y de las SS, la consigna era defenderse «hasta el último aliento» y no existía plan alguno de evacuación. Ante esta situación fue el almirante Karl Döenitz, comandante en jefe de la flota de submarinos, quien diseñó y puso en marcha un plan para salvar a los soldados y la población civil de aquellos territorios. La operación se llamó Aníbal y la finalidad era utilizar el puerto de Gdynia (Gothenhafen) para las evacuaciones con más de mil buques de todo tipo, desde submarinos a trasatlánticos como el *Wilhelm Gustloff*. Las fuerzas del III Frente Bielorruso del general Ivan Chernyakhovsky y las del II Frente Bielorruso de Rokossovsky habían entrado en los territorios de la Prusia Oriental el 13 de enero provocando la masiva huida de los residentes de origen alemán y fue entonces cuando Döenitz, ignorando los llamamientos a la resistencia, ordenó a los almirantes Oskar Kummetz, jefe de la flota en el Báltico, y Konrad Engelhardt, jefe de transportes de la Armada la planificación y ejecución de una masiva operación de evacuación.

1.100 buques y un millón de personas
La Operación Aníbal, efectuada entre el 23 de enero y el 8 de mayo de 1945, contó desde un principio con el concurso de toda la flota alemana del Báltico cuyos cañones bombardearon a las columnas soviéticas para retrasar lo más posible su avance. Todo buque existente en el Báltico se puso al servicio de Aníbal calculando un flujo de unos 900.000 civiles y 300.000 soldados que debían ser sacados del territorio en peligro y llevados hasta puertos alemanes o de la Dinamarca ocupada. La principal zona de salida era la bahía de Gdansk con grandes contingentes de refugiados saliendo desde la isla de Wolin,

de la península de Hel y de los puertos de Gdynia y Gdansk. Todavía el día 8 de mayo, último día de la guerra, seguían saliendo también embarcaciones del puerto letón de Liepāja (en alemán: Libau). Todo este trasiego de buques cargados de civiles corría un inmenso peligro; las aguas habían sido minadas por los británicos desde 1940 y la RAF atacaba desde el aire a los buques mientras la marina soviética los hostigaba en cuanto los localizaba tanto si transportaban civiles como militares. Los transatlánticos *Goya*, *Wilhelm Gustloff*, y *Steuben* fueron hundidos con sus ocupantes además de otros 158 buques mercantes.

El caso del capitán Marinesko

A las 21 y 08 horas del día 30 de enero de 1945 tres torpedos estallaron en el lado de estribor del *Wilhelm Gustloff*. El primero de ellos, en el centro del buque, se llevó la vida de las más de 300 enfermeras que viajaban en él. Un cuarto torpedo no llegó a salir del submarino que lo había atacado, el *S-13*, pero el trasatlántico se hundió sin remedio con la pérdida de más de 9.000 vidas por ahogamiento y congelación en la mayor catástrofe naval de todos los tiempos.

El autor del hundimiento, el capitán Aleksandr Marinesko merece un capítulo aparte en la historia de la guerra naval. No es superficial el hecho de que el buque *Wilhelm Gustloff*, en plena guerra, era difícil de catalogar y menos desde un submarino. Podía ser un transporte de civiles, un transporte militar, un buque hospital, un crucero armado o un buque nodriza, todo ello había sido en su historia desde el estallido de la guerra. Su última transformación había sido a finales de 1940 en que se pintó el casco de gris, el color de los buques de guerra, y se le dotó de algunas ametralladoras. En esas condiciones zarpó cargado de civiles y con el temor de ser atacado por los submarinos soviéticos, como así sucedió.

El comandante del *S-13*, nacido en Odessa en 1913, hijo de un marinero rumano, Ion Marinescu y una rusa Tatiana Koval, era un oficial conflictivo, con problemas de alcoholismo que le habían traído como consecuencia ser expulsado del Partido Comunista al que se había afiliado a principios de los años treinta. No obstante, su buena hoja de servicios como comandante de submarinos en la Flota del

Báltico hacía que sus jefes pasaran por alto sus faltas de disciplina y su afición al alcohol. A finales de 1941 recibió su primera condecoración, la Orden de Lenin, fue de nuevo admitido en el Partido y se le dio el mando del moderno submarino *S-13*. A lo largo de los dos años siguientes 1942 y 1943 protagonizó algunas acciones de guerra dudosas contra la flota alemana siempre bajo sospecha de mentir en sus informes sobre la importancia de los buques hundidos. En enero de 1945 protagonizó un acto que pudo haberle costado el consejo de guerra cuando desapareció durante tres días en el puerto de Hanko, en Finlandia. Cuando ya se le iba a declarar desertor apareció, todavía con resaca, confesando que había pasado aquellos días borracho y en compañía de una mujer, sueca, a la que había conocida en la ciudad. La decisión de sus jefes de devolverle el mando del submarino en lugar de encerrarle en un calabozo no fue más que por el hecho de que eso hubiera dejado amarrado al *S-13*, algo que no se podían permitir, y el submarino con su capitán fue entonces enviado a la costa sur del Báltico para entorpecer la evacuación alemana.

Tras el hundimiento del *Wilhelm Gustloff*, Marinesko hundió otro transporte, el *Steuben* con 4.267 víctimas, civiles y militares, aunque en sus informes creía haber atacado al crucero ligero *Emdem*. Todas aquellas acciones pusieron en aprietos al comandante de la flota soviética, Nikolái Gerásimovich Kuznetsov que tuvo que reconocer el excelente trabajo táctico del *S-13* pero que se negó a condecorar a su

Submarino soviético de la clase S (Stalinec) idéntico al S-13.

capitán debido a su historial. Finalizada la guerra, Marinesko dejó la Armada y trabajó como segundo oficial en buques de transporte hasta que, después de algunos cargos burocráticos, fue condenado a tres años de prisión por malversación de fondos públicos. Entre 1951 y 1953 trabajó como topógrafo en expediciones árticas y acabó sus días como oscuro funcionario de una fábrica en Leningrado donde falleció en 1963 a causa de un grave problema estomacal. Su figura fue reivindicada en 1990 otorgándole el título de Héroe de la Unión Soviética.

3.

Y por aire

Wilhelmshaven, el fiasco del primer ataque aéreo

En la mañana del día 4 de septiembre de 1939, tres escuadrones de
la RAF, la Royal Air Force británica, despegaron de sus respectivas
bases en la que debía ser la primera misión de bombardeo de los
británicos en la Segunda Guerra Mundial. En total volaron hacia el
puerto alemán de Wilhelmshaven dieciocho bombarderos Handley
Page Hampdens y nueve Wellington Vickers correspondientes a los
escuadrones 107, 110 y 139. Éste último escuadrón, el 139, despegó
de su base en el aeródromo de Wyton, cerca de Saint Ives en el condado de Cambridge desde donde había despegado el día anterior el
avión Bristol Blenheim IV pilotado por el oficial Andrew McPherson.
Los tres escuadrones de bombardeo tenían como objetivo la flota alemana anclada entre Wilhelmshaven y la desembocadura del Elba y
entre los buques alemanes se pudo identificar al acorazado *Admiral
Scheer*, pero una serie de circunstancias hicieron que la operación
que debía haber desbaratado la flota alemana del Mar del Norte se
convirtiera en un semi fracaso. En primer lugar, el día 3, el mismo día
de la declaración de guerra de Inglaterra contra Alemania, el piloto
McPherson pudo localizar al grueso de la flota alemana y situar su
posición, pero cuando intentó comunicarlo se encontró con que su
radio no funcionaba y perdió un tiempo precioso hasta llegar a su
base y comunicar de viva voz la posición alemana. Los medios tec-
nológicos de los aviones eran escasos y deficientes, heredados de la

primera guerra, en realidad únicamente una brújula y un reloj y la radio que empezaba a utilizar la FM para sus comunicaciones. Y no fue hasta 1942 que empezaron a modernizarse los sistemas de comunicaciones y de navegación.

En lo que se refiere a la radio, el aparato utilizado en aquellos años era un equipo radiotelefónico-telegráfico de onda corta y larga de 40 watts de potencia, con convertidor, receptor y transmisor diferenciados. El modelo utilizado en el avión Blenheim era RAF Recive 1155[13] de difícil manejo y que requería un intensivo entrenamiento.

Alertados por la presencia del avión de reconocimiento, los alemanes habían movido sus buques, de manera que cuando los aviones británicos pudieron despegar al día siguiente, ya no era posible localizarlos en los lugares señalados. De hecho, cinco de los aparatos atacantes regresaron a sus bases sin haber localizado a ningún buque enemigo. A eso hubo que añadir un tiempo infernal, con hielo en los aviones que dificultaba su vuelo, nubes bajas que impedían la visibilidad y lluvia persistente. Aun así, los pilotos británicos consiguieron llegar relativamente bien a los lugares señalados en el mapa, pero los buques alemanes no estaban y sólo la suerte les permitió localizar alguno de ellos. Los atacantes consiguieron así localizar al *Admiral Scheer* y lanzar varias bombas sobre él, pero entonces se produjo el tercer inconveniente, las bombas no estallaron. En pocos minutos, cinco de los aparatos atacantes fueron derribados, uno de ellos por el crucero *Endem*, y los pilotos derribados que habían logrado sobrevivir fueron los primeros prisioneros de guerra británicos. Cuando los aviones de la RAF se retiraban aparecieron los Messermitch Bf-109 alemanes que persiguieron y derribaron tres aparatos más. En total, once de los aviones atacantes no regresaron a sus bases. El informe de la RAF sobre la acción decía lo siguiente: «Londres, 4. - Esta tarde, se ha efec-

13. http://www.vq5x79.f2s.com/greenradio/Wireless21a.html

Escuadrilla de F4 F Wildcat de la USAAF.

tuado un ataque, con éxito, por unidades de la Royal Air Force sobre navíos de la flota alemana en Wilhelmshaven y Brunsbuttel, a la entrada del Canal de Kiel. Varias bombas de gran calibre han hecho blanco en el navío «Rade Schilling» (sic), fondeado en Wilhelshafen (sic), causándole importantes averías. En Brunsbuttel, el ataque se realizó contra un buque de guerra que se hallaba anclado cerca al rompeolas, causándole averías importantes. Durante la operación, realizada con tiempo desfavorable, nuestra aviación ha sido atacada por aparatos enemigos y por la D.C.A., experimentando algunas pérdidas.»

Por su parte, el informe alemán daba una versión diferente y tal vez más cercana a la realidad: «Berlín 4 - En la costa del mar del Norte, aviones británicos de construcción moderna atacaron Wilhelmshaven y Cuxhavem, así como a los buques que se encontraban en las desembocaduras. Los aviones de caza y la artillería antiaérea contraatacaron tan rápidamente y con tal eficacia que se impidió la agresión contra Cuxhavem, mientras que las bombas arrojadas sobre Wilhelmshaven no causaron daños. Más de la mitad de los aviones enemigos atacantes fueron derribados».

El primero

El oficial de vuelo Andrew MacPherson, piloto del Blenheim IV, fue el primer aviador británico que cruzó la frontera alemana tras la declaración de guerra del 3 de septiembre. McPherson era natural de Glasgow, donde nació en 1918, cuarto hijo de los cinco de Andrew MacPherson y Jean Craig. Tenía cuatro hermanas, tres de ellas Agnes, Jean y Margaret mayores que él y una menor, Elizabeth que llegó a ser una gran investigadora sobre el cáncer. Andrew fue condecorado en persona por el rey Jorge VI por su acción y unos meses después, el 12 de mayo de 1940, murió en combate sobre el cielo de Bélgica, cerca de la localidad de Lanaken, cuando su avión Bletheim fue derribado por un caza Bf-109 en el curso de una operación de bombardeo de las columnas blindadas alemanas.

Vegetarian, o algo parecido

La utilización de armas químicas, especialmente gases, en la Primera Guerra Mundial, fue una innovación en «el arte de la guerra» causando un número elevadísimo de víctimas. El cloro, el bromuro de xililo, el fosgeno y sobre todo el letal gas mostaza fueron protagonistas de algunas de las batallas más importantes de aquella guerra. En cuanto a las armas bacteriológicas, menos utilizadas, fueron las esporas de ántrax las que inauguraron ese tipo de «arma», por primera vez en la guerra ruso-finlandesa, donde los finlandeses la utilizaron con la finalidad de matar los caballos del ejército ruso. Unas y otras, químicas y bacteriológicas fueron prohibidas por el protocolo de Ginebra, firmado en 1925, pero los japoneses las volvieron a utilizar masivamente en la guerra chino-japonesa entre 1937 y 1945. En respuesta a la posesión japonesa de esa tecnología, los Estados Unidos, el Reino Unido y Canadá iniciaron un programa de producción de armas biológicas que se tradujo en la fabricación de ingentes cantidades de cultivos de tularemia, ántrax, brucelosis, y la toxina del botulismo. La producción de armas químicas, gases, ya suficientemente desarrollada, se mantuvo en un segundo plano pues su utilización, dependiendo del viento y de las condiciones atmosféricas y con la existencia de máscaras no resultaba tan efectiva. No obstante, a pesar de existir planes para ello, ni las armas químicas ni las bacteriológicas llegaron a utilizarse por parte de ninguno de los contendientes por el temor de que el otro respondiera con la misma arma.

Uno de los planes más adelantados para el uso de armas biológicas fue el conocido como Operación Vegetarian, desarrollado por el Centro de Investigación y Desarrollo de Armas Secretas de Porton Down, en Gran Bretaña. Dicho plan tenía como objetivo el envenenamiento con ántrax del ganado alemán, concentrado en gran parte al norte de la ciudad de Oldenburg y al noroeste de Hanover. La idea era fabricar pequeños «pasteles» de lino de 10 gramos de peso y 2,5 centímetros de diámetro, fácilmente asimilables por el ganado bovino, inyectados de esporas de ántrax y que serían lanzados desde aviones sobrevolando la zona. Unos cinco millones de pasteles fueron fabricados con la idea de infectar al ganado y privar así de un alimento básico a la población alemana, aunque probablemente la enfermedad alcanzaría también a los seres humanos lo que despoblaría el campo y las zonas de producción cárnica. Vegetarian se fue desarrollando entre 1942 y 1944 pero las autoridades británicas lo mantuvieron siempre en reserva, como respuesta a una posible agresión química por parte de Alemania, algo que nunca entró en los planes de Adolf Hitler. La materia prima para los pasteles fue encargada a la empresa Olympia Oil and Cake Company[14] de Blackburn y la operación de inyectado del ántrax la realizaron trece mujeres reclutadas en diferentes empresas químicas a las que se les obligó a guardar el secreto bajo juramento. A finales de 1942 el director del programa, sir Paul Fildes, viajó a Estados Unidos para solicitar la ayuda norteamericana en la producción de las esporas de ántrax necesarias a las que llamaron «Agente N» y poco después se fundaba el Laboratorio de Guerra Biológica del Ejército de los Estados Unidos en el antiguo aeródromo llamado Camp Detrick o Fort Detrick. Como investigador jefe para el desarrollo de «N» estaba nada menos que George W. Merck, presidente de la multinacional farmacéutica

---

14. La empresa desapareció en 1989 después de sesenta años de existencia.

Ensayo del Ejército británico con la utilización de armas químicas.

Merck, de origen alemán. Los planes de lanzamiento y difusión del «Agente N» se diseñaron escrupulosamente pero finalmente el curso de la guerra con el éxito del desembarco de Normandía, la caída en el frente del Este y la política alemana de respeto del compromiso de Ginebra de 1925 hicieron desistir de la operación Vegetarian que nunca llegó a ponerse en práctica.

Ensayos previos

Ya desde 1941 los británicos habían empezado a trabajar en la guerra química, siguiendo las convenciones de la Primera Guerra Mundial como también se había hecho en otros aspectos como la guerra de trincheras o la escasa utilización de los carros de combate o la aviación. Ese primer plan, del que ni siquiera llegó a desarrollarse teóricamente, preveía el envenenamiento de los combatientes y la población civil enemiga con ricina, más asequible, o tal vez con ántrax. El plan era una respuesta desesperada a la inminente invasión de las Islas británicas por parte de los alemanes tras el armisticio con Francia y consistía básicamente en emponzoñar millones de agujas que, lanzadas desde el aire como una lluvia, debían clavarse en la piel de animales y personas. Uno de los primeros pasos para la puesta en práctica del plan fue el encargo a la Compañía Singer, la de máquinas de coser, de millones de agujas, como las que se utilizaban en las máquinas. La cantidad era tan desmesurada que Singer escribió al Departamento correspondiente para pedir aclaraciones. Los primeros ensayos habían demostrado que el bombardeo podía ser muy efectivo pues lo hicieron en Canadá sobre un campo con ovejas a las que habían cubierto con ropa de campaña y los animales, pinchados por las agujas lanzadas sobre ellos contrajeron la enfermedad y murieron. Para su utilización real se preveía hacer paquetes de unas treinta mil de estas agujas y lanzarlas con bombas de racimo con lo que el efecto sería devastador. Esta variante, ideada también por sir Paul Fildes, podía ser utilizada en la Operación Vegetarian en lugar de los pasteles para vacas.

Si de algo estaban seguros los ideólogos de Vegetarian era que el resultado iba a ser el planeado, desde luego. Y esa seguridad vino por los experimentos realizados en la isla escocesa de Gruinard. El islote, a poco más de un kilómetro de la costa noroccidental de Escocia y de dos kilómetros cuadrados de superficie, les fue expropiado a sus propietarios y el equipo de investigadores dirigido por Paul Fildes se estableció allí realizando una serie de pruebas de dispersión de esporas que resultaron letales para el ganado que vivía en la isla. El experimento principal consistió en un contenedor con esporas de ántrax lanzado desde un bombardero y en tres días las sesenta ovejas instaladas en el islote habían muerto. Un cadáver llegado hasta tierra firme provocó que el ántrax matara a otros 63 animales, domésticos y de ganado. No fue hasta 1992 que el Ministerio Británico de Sanidad declaró a la isla libre del ántrax.

En un documento secreto fechado en noviembre de 1944 se da cuenta del experimento en Canadá en los siguientes términos. «Se ha realizado con éxito una prueba en la que se lanzó la nueva bomba de racimo cargada con 30.000 dardos desde 2.000 metros y la bomba estalló a 1.000 metros. Se lograron impactos con penetración en 16 de las 36 cabras y ovejas dispuestas en la zona. La contaminación fue notoriamente uniforme. Aunque sólo 7 de los 9 recipientes del racimo descargaron su contenido en 8.500 metros cuadrados en una densidad aproximada de uno de cada dos metros cuadrados y 5.800 metros cuadrados, el problema de conseguir que se abran todos los recipientes de dardos ya se ha resuelto.»

El personaje clave
El hombre que dirigió todo lo relacionado con la Operación Vegetarian era sir Paul Gordon Fildes, un eminente patólogo y microbiólogo británico nacido en Londres en febrero de 1882 hijo de sir Luke Fildes, pintor e ilustrador de prestigio y descendiente de Mary Fildes, una destacada sufragista que fue herida de gravedad en la carga de la caballería del 16 de agosto de 1819 en la ciudad de Manchester contra manifestantes que pedían la extensión del voto a las mujeres y a los hombres no-propietarios. Paul Fildes se alistó en la Marina donde alcanzó el grado de capitán de corbeta trabajando en varios hospitales donde investigó el tratamiento con sulfamidas y la sífilis y la hemofilia. Por sus trabajos fue distinguido con la Orden del Imperio Británico, la Medalla Copley y admitido en la Royal Society. Aunque no consta en sus biografías es casi seguro que fue requerido por los servicios secretos para colaborar en la Operación Antropoide, el asesinato de Reinhard Heydrich, suministrando al comando del

SOE la toxina botulínica que era una de las opciones para eliminar al jerarca nazi. Fue después de aquella operación cuando se le requirió para ocuparse de organizar los experimentos en la isla de Gruinard. Finalizada la guerra continuó con su labor investigadora y falleció en Londres en 1971.

Hércules y la isla de Malta

Un relato de un hipotético asalto alemán a la isla de Malta fue reflejado en el sitio web del GEHM[15] el Grupo de Estudios de Historia Militar. En él, se especifica que a las 6 de la mañana de un día de julio de 1942, 700 aviones alemanes e italianos lanzaron sobre la isla un total de 29.000 paracaidistas, de ellos 11.000 alemanes al mando del general Karl Student y 7.500 italiano al mando del general Enrico Frattini. Naturalmente, el relato es ficticio, una detallada explicación de lo que pudo ser, pero que, como tantas otras operaciones militares de envergadura, fue abandonado debido al curso de la guerra y a otras necesidades.

El origen de la llamada Operación Hércules, la toma de la isla de Malta, fue tan temprano como mediados los años treinta, cuando la Italia fascista estaba empeñada en la guerra de Etiopía. Ya en aquel momento se llegó a la conclusión de que Malta, posesión británica en el centro del Mediterráneo, era fundamental para las operaciones militares en el norte de África y el control del Canal de Suez. Estallada la guerra y tras la entrada de Italia en el conflicto, el Alto Mando alemán (Hitler) hizo suyos los planes de ocupación de Malta y en el curso de una reunión entre Hitler y Mussolini los días 29 y 30 de abril de 1942 se aprobó el plan de conquista. La necesidad de ocupar la isla nació de las operaciones italianas en Libia y por la ofensiva de Rommel contra el Egipto británico y Malta era la base desde la que los británicos entorpecían las operaciones alemanas e italianas. En septiembre de 1940 los italianos, al mando del general Graziani,

---

15. http://www.gehm.es/

lanzan la ofensiva contra Egipto que es detenida por los británicos semanas después lo que obligó a intervenir al Afrika Korps al mando del mariscal Rommel. El papel de Malta no fue muy destacado por falta de efectivos, pero estaba claro que la presencia británica en la isla era un peligro constante para los suministros italianos y alemanes en el norte de África y más aún, era un paso obligado hacia Sicilia. Una vez estancado el ataque a la Gran Bretaña, la Operación León Marino, el mando alemán se decantó por el acoso a las líneas de comunicación británicas en el sur, lo que incluía Gibraltar, las islas atlánticas de Portugal y España y el Mediterráneo donde Creta y Malta eran fundamentales para el control del norte de África. Como parte de esa estrategia se realizó la Operación Mercurio, la primera gran operación aerotransportada de la historia, al mando del general Kurt Student que constituyó un éxito en su objetivo, tomar la isla de Creta, pero que diezmó a la VIIª división de paracaidistas lo que disuadió a Hitler de operaciones semejantes. Al plantearse el ataque a Malta, la opinión de Erwin Rommel, «el zorro del desierto» era de capital importancia y aunque Hitler no era partidario del ataque a Malta, Rommel dijo textualmente: «sin Malta, el Eje perderá el control del norte de África».

El plan de Student

El plan elaborado por el general Kurt Student era una operación combinada entre las fuerzas aerotransportadas alemanas y las anfibias y navales italianas que debía ponerse en marcha en julio de 1942 bajo el mando del mariscal Kesselring, unos 35.000 paracaidistas e infantes aerotransportados, más unos 2.000 comandos italianos de la infantería de marina. La fuerza aérea de transporte la componían 500 Junkers-52 y 200 Savoia-Marchetti, además de otros 500 planeadores y el primer desembarco debería tener lugar en la zona de Siggiewi y Qrendi. La fuerza naval, aportada por los italianos, se componía de los acorazados *Caio Duilio* y *Andrea Doria*, más, el *Vitorio Veneto* y *Littorio*, junto con cuatro cruceros pesados, ocho ligeros y 21 destructores dando cobertura. El principal objetivo de los primeros paracaidistas debía ser acallar las posiciones artilleras británicas para facilitar el desembarco de los infantes de marina al sur del fuerte

Posición artillera frente a La Valetta en Malta.

de Benghaissa pero sólo cuando las fuerzas aerotransportadas hubieran tomado el control de la isla. La fuerza de ataque contaba además con dos oleadas de 25.000 y 30.000 infantes de marina italianos y una unidad de tanques ligeros soviéticos KV-2, capturados en la campaña de Rusia. Uno de los problemas era que ni los alemanes ni los italianos contaban con lanchas de desembarco adecuadas y que debían ser construidas para la operación. Las defensas británicas no eran lo bastante importantes como para detener el ataque, pero mantener a semejante fuerza de ocupación sí que era un problema. Todavía sin dar la orden de atacar, la aviación italiana empezó a castigar con dureza a la isla, el puerto de la Valetta fue prácticamente destruido, aunque las bajas entre la población civil fueron escasas debido a la estructura de la isla con grandes espacios de arenisca que minimizaban el efecto de las bombas y muchas cuevas y refugios naturales donde ponerse a cubierto. En el ánimo de Hitler pesaba todavía el costoso esfuerzo de Creta y la feroz resistencia de los cretenses que podía repetirse en Malta. Por parte de Mussolini, la preferencia estaba en sus planes de invasión de Grecia y Kesselring era cada vez más escéptico, cercano a la postura de Hitler y en contra de Rommel por lo que la Operación Hércules fue quedando en el olvido.

Kurt Arthur Benno Student

El hombre clave en el planeado asalto a Malta, como lo había sido en Creta, fue un veterano oficial de la Luftwaffe llamado Kurt Student que ostentaba en 1941 el grado de comandante general del XI Cuerpo Aéreo, las fuerzas aerotransportadas alemanas. Había nacido en Birkholz, en Brandenburgo, Prusia Oriental, el 12 de mayo de 1890. En 1910 con sólo diecinueve años ingresó como cadete en el Ejército Imperial y en 1913, ya con el grado de teniente, se convirtió en piloto y como tal participó en la Primera Guerra Mundial primero en el frente oriental y posteriormente en el occidental donde fue herido en acción el 2 de mayo de 1917. En el periodo de entreguerras el Tratado de Versalles impedía a Alemania poseer una fuerza aérea, así pues Student se especializó en la utilización de paracaidistas y fuerzas aerotransportadas y aunque nominalmente pertenecía al ejército de tierra, la Wehrmacht, sus buenas relaciones en las fuerzas aéreas de la Unión Soviética le permitieron realizar prácticas de paracaidismo en aquel país. En 1933, cuando Hitler se saltó los compromisos de Versalles y formó la Luftwaffe nombró a Student comandante de la fuerza aerotransportada, Fallschirmjäger. Aunque siempre contra el escepticismo del Führer, Student logró demostrar que la fuerza paracaidista era una fuerza útil de combate e incluso consiguió transformar los aviones Junkers Ju 52, diseñados como bombarderos, en aviones de transporte para la fuerza paracaidista. En 1940 pudo demostrar en la práctica la eficacia de los paracaidistas en el asalto al fuerte de Eben-Emael en Bélgica. De su acción en esos meses obtuvo la Cruz de Hierro y una herida en la cabeza que le mantuvo durante meses en el hospital. Tras el periodo de convalecencia tuvo lugar su más destacada acción militar, la toma de la isla de Creta en la que los paracaidistas actuaron por primera vez en una operación de gran envergadura. La Operación Mercurio, dirigida por Student, empleó un total de 25.000 hombres de la 7ª División aerotransportada y tres regimientos de dos divisiones de montaña. La toma de Creta fue un éxito reduciendo a la guarnición de 43.000 soldados británicos y griegos, aunque con un número de bajas altísimo, 1.915 muertos, 2.000 heridos y 1.759 desaparecidos. Tan duro como la conquista fue para Student mantener el control posterior de la isla a causa de la inusitada resistencia de una población de pastores tradicionalmente rebeldes. La respuesta de Student, de especial dureza, le llevaría ante un tribunal militar británico que le condenó a cinco años de prisión.

Tras la cancelación de la Operación Hércules, Student tomó parte en una operación de la que los historiadores apenas han hablado, al menos en lo que a él respecta. Student fue el organizador e inspirador de la Operación Roble, la que liberó a Benito Mussolini de su encierro en el Gran Sasso. Los detalles de la operación, ordenada por Hitler en persona a Student, fueron planeados por el coronel de paracaidistas Harald Mors y llevada a cabo por un comando de paracaidistas.

Studen fue hecho prisionero por los británicos en abril de 1945, salió de la prisión en 1948 y falleció en 1978.

Nueva York, operación Amerika Bomber

La publicación del libro *El diario de Peter Brill*[16] a finales de 2016 vino a confirmar una información que desde hace años había circulado entre historiadores, expertos y aficionados en el sentido de que durante la guerra existió una operación secreta de la Alemania nazi para bombardear la ciudad de Nueva York. El rumor nació principalmente del libro sobre el ministro Albert Speer, *Diarios secretos de*

---

16. Pere Cardona y Laureano Clavero. DStoria Ediciones. Barcelona 2016.

Spandau y de la existencia de dos modelos de aviones, que efectivamente llegaron a volar y a entrar en el conflicto, el Heinkel HE-177 y el Junkers JU-390, bombarderos ambos de largo alcance pero que, aunque fueron empleados en combate, nunca llevaron a cabo la supuesta acción para la que habían sido construidos. El libro, basado en la memoria del piloto de la Luftwaffe Peter Brill, narra entre otras cosas su entrenamiento en la base alemana de Thorn, en Pomerania, hoy en día parte de Polonia con el nombre de Torun, con el objetivo ultra secreto de atravesar el Atlántico en un viaje de 6.500 kilómetros para bombardear la ciudad de los rascacielos.

Entre los rumores sobre ese plan de la Luftwaffe adquirió gran importancia en 2003 el trabajo de David Baker, historiador espacial, que había encontrado evidencias de un plan, de finales de 1941, existente al menos en la cabeza de Hermann Goering, jefe de la Luftwaffe, que le ayudaría a contrarrestar el evidente fracaso de la Batalla de Inglaterra. Según cita Baker, Goering no confiaba en las posibilidades de un avión convencional para dar el salto sobre el Atlántico y se fijó en las ideas revolucionarias del ingeniero austríaco Eugen Saenger que planteó ya en 1935 en varios artículos en revistas especializadas, la posibilidad de un «avión espacial» un auténtico ingenio suborbital impulsado por cohetes capaz de desplazarse a largas distancias. De las ideas de Saenger nació el Silverbird capaz de alcanzar velocidades supersónicas y con la capacidad de alcanzar el espacio exterior. Los últimos prototipos de Saenger fueron probados en abril de 1944, pero el curso de la guerra, imposible ya de ganar para Alemania, paralizaron los trabajos que hubieran podido dotar a la Luftwaffe de un avión prácticamente supersónico capaz de llegar a cualquier punto del planeta. El proyecto ideado desde el Ministerio del Aire nazi llevó el nombre de Amerika Bomber e incluía otros modelos de avión como el Focke-Wulf Fw 300, el Focke Wulf Ta 400 y el Arado A-555.

En el libro de Albert Speer se hablaba de que ya en 1938 en la mente de Hitler existía la idea de un bombardero capaz de llegar a Nueva York, pero no fue hasta mayo de 1941 que Hitler dio la orden de «desplegar bombarderos de largo alcance contra ciudades estadounidenses desde las Azores». Así lo afirma también el historiador canadiense Holger H. Herwig e incluso se llegó a afirmar que un JU-

390 llegó a alcanzar un punto a solo 20 kilómetros de Nueva York, algo que nunca llegó a ser confirmado. Otros historiadores, como el filo nazi británico David Irving aventuran teorías no demostradas como la de utilizar la incipiente investigación atómica para fabricar una bomba y el ingenio capaz de llevarla hasta su destino en la costa de Estados Unidos.

El plan Amerika Bomber, diseñado entre noviembre de 1941 y mayo de 1942 incluía una lista de 21 objetivos considerados de importancia militar en el este de Estados Unidos, no sólo Nueva York, especialmente fábricas de armamento y de componentes de aviación situadas en varios estados como la Aluminum Corporation, Wright Aeronautical o General Motors. Informes del espionaje británico afirmaban en 1944 que el proyecto era posible pues en aquel momento, un ME-264 era ya capaz de volar desde Berlín hasta Tokio, a más de 9.000 kilómetros de distancia, mientras que a Nueva York no llegan a 4.000, aunque claro está en este caso era necesario garantizar el regreso, algo que no ocurría en el viaje a Tokio. En definitiva, el proyecto era posible si Alemania hubiera podido dedicar más recursos y más tiempo, pero la evolución de la guerra, la falta de materiales y el caos en los transportes y la producción industrial en Alemania a causa de los bombardeos lo hicieron imposible y el proyecto Amerika Bomber se desechó.

Peter Brill

El único relato directo de aquella aventura fracasada es el de Peter Brill que con sólo 19 años y recién salido de la Escuela de Guerra de Fürstenfeldbruck, fue enviado a la academia aérea de Thorn, donde se le empezó a entrenar en el Heinkel HE 177, el único bombardero de largo alcance fabricado hasta el momento para la Luftwaffe. «La misión a la que me habían destinado era pilotar un avión que llegara hasta Nueva York, bombardeara la ciudad y regresara de nuevo a su base». Los entrenamientos, cuenta Brill, los realizaron en un modelo semejante, el Heinkel 111 porque el HE 177, todavía con graves defectos, no era operativo y se incendiaba con facilidad en pleno vuelo. Brill y el resto de pilotos se encontraron estudiando navegación orientados por las estrellas, el único método factible para cruzar el

Atlántico, sin poder utilizar el radar, la radio o cualquier otro aparato de navegación. «La idea era despegar y subir hasta una altitud
entre 6.000 y 8.000 metros. Una vez allí la mitad de los motores se
apagarían». Naturalmente el principal problema era la cantidad de
combustible necesario y el sistema, como relata Brill, fracasó una y
otra vez de manera que los pilotos llamaban al avión «el mechero
volante» pues se incendiaba continuamente.

Brill, nacido en enero de 1924 en Bad-Salzhausen, se instaló en
España finalizada la guerra, después de pasar por un campo de prisioneros en Rusia, fue localizado y entrevistado por Pere Cardona y
Laureano Clavero muy poco antes de su muerte en Palma de Mallor-
ca en febrero de 2013.

Los aviones

El Heinkel HE 177 fue diseñado por Siegfried Günther, jefe de diseño
de Heinkel que colocó dos motores acoplados a una sola hélice con
la finalidad de convertirlo en más aerodinámico con una resistencia
inferior al aire y por tanto con un menor consumo de combustible.
El HE 177 medía 22 metros de largo y tenía una envergadura de 31,4.
Pesaba en vacío 16.800 kilos y 27.200 a carga completa y podía alcanzar una velocidad de 565 km/h con un radio de acción de 1.540
kilómetros armado y 5.600 sin armas, con un techo de 9.400 metros.
Podía llevar 6.000 kg en bodegas y hasta 7.200 en total. Iba armado
con seis ametralladoras MG, de 7,92 y de 13 mm. y dos cañones de
20 mm. y era tripulado por seis hombres.

El Heinkel He 177 Greif fue el único bombardero operacional de largo
alcance utilizado por Luftwaffe durante la Segunda Guerra Mundial.

El aspecto más ambicioso del proyecto de bombardear Nueva York, aunque desde luego mucho más difícil, era el que representaba el modelo Silverbird o Silbervogel, diseñado a partir de los trabajos de Saenger. El Silverbird era en algunos aspectos semejante a las V-1 y V-2, es decir impulsados por cohetes y motores a reacción, aunque pensado como bombardero tripulado y de largo alcance y sobre todo infinitamente más avanzado. El Silbervogel debía tener una longitud de 28 metros, 15 de envergadura, un peso de 100 toneladas y una velocidad de 12.000 km/h. Teóricamente estaba pensado para volar en la estratosfera a 145 kilómetros de altura, pero se pensaba que podía llegar a superar los 200 kilómetros de altura y operar como un planeador de modo que ahorrara combustible. En los cálculos existentes había un error fundamental y era el de la temperatura que alcanzaría al reentrar en la atmósfera más densa que, de haber entrado en servicio, lo hubiera incendiado.

Eugen Albert Saenger

Cuando se habla de los trabajos alemanes en materia de cohetes, el nombre de Werner von Braun es el primero que viene a la memoria, pero en eso tiene mucho que ver el hecho de que Von Braun, creador de las V-1 y V-2, fue a parar a manos de los norteamericanos al finalizar la Segunda Guerra Mundial. Estados Unidos apostó por la tecnología de las V-2 que Von Braun y su equipo desarrollaron hasta llegar al cohete Saturno, la base del programa espacial norteamericano. En cambio, Saenger, nazi convencido, se negó sistemáticamente a trabajar para norteamericanos o soviéticos y colaboró primero con la industria aeronáutica francesa y a partir de 1954 con la de la nueva República Federal Alemana. De hecho, el servicio secreto norteamericano le interrogó sistemáticamente en varias ocasiones e incluso llegó a estar encarcelado y sólo le intervención de Walter Georgii, jefe de investigación aeronáutica de la Luftwaffe, con muy buenas relaciones en Francia, le salvó y le permitió instalarse en aquel país.

Saenger había nacido en la ciudad Bohemia de Pressnitz el 22 de septiembre de 1905, entonces parte del Imperio Austro-Húngaro y estudió ingeniería en las universidades de Graz y de Viena. Tras la lectura del libro de Hermann Oberth «Por cohete en el espacio planetario» dejó la ingeniería civil para dedicarse en cuerpo y alma a la ingeniería aeronáutica y formó parte del Club alemán de aficionados a los cohetes. En 1932 se afilió primero al NSDAP, el Partido Nazi y después a las SS. Su tesis sobre cohetería espacial «Ingeniería de vuelo en cohete», fue rechazada en la Universidad por demasiado fantasiosa, pero eso no impidió que siguiera trabajando en esa línea y finalmente la publicó en 1933 y se convirtió en la base de sus trabajos prácticos paralelamente a los de Von Braun que le vio siempre como un enemigo y un competidor. Entre 1932 y 1934, Saenger trabajó en el estudio de nuevos propelentes líquidos consiguiendo altísimas propulsiones de hasta 3.000 m/s pero el Ministerio de Defensa de Austria consideró que sus trabajos eran inviables y no consiguió apoyo alguno. Sin embargo, fue el mando alemán el que se vio atraído por sus artículos sobre cohetería y aeronáutica publicados en la revista austriaca Flight. Finalmente, Saenger fue contratado por el Gobierno alemán y encabezó un equipo que trabajó en la base de la Luftwaffe en Trauen tiempo antes de que Von Braun iniciara su trabajo en la del Ejército de Peenemunde. Junto a Saenger trabajó desde los primeros años la eminente bióloga y matemática Irene Bredt con la que se casaría en 1946. Eugen Saenger falleció en Berlín, en febrero de 1964 unos meses después de aceptar una cátedra en la Universidad Técnica de Berlín.

Fu-Go o ciencia ficción

Entre noviembre de 1944 y abril de 1945, unos 9.000 globos, rellenos de hidrógeno y portando una carga explosiva de 12 o 15 kilos, fueron lanzados desde el Japón con la intención de que llegaran hasta Estados Unidos y Canadá provocando incendios forestales o daños diversos en territorio enemigo. Estos globos fueron llamados Fusen Bakudan (bomba de globo en japonés), abreviadamente Fu-Go y eran un arma experimental que vendrían a ocupar el espacio que en Europa ejercían las V-1 y V-2 alemanas sobre Londres. El resultado de aquella idea, en los meses en que Japón ya preveía la inevitable derrota, fue un fracaso en términos generales, aunque es cierto que unos trescientos de aquellos globos causaron pequeños incendios y seis víctimas mortales en Estados Unidos, unos datos que fueron ocultados a la prensa para evitar el pánico que podría haber supuesto. La idea de esa arma, barata y fácil de fabricar, se desarrolló en el Laboratorio de Investigación Técnica del Ejército que dirigía general Sueyoshi Kusaba y lo desarrolló un equipo dirigido por Teiji Takada y sus colegas. Takada explicaba su idea como una respuesta ante los intensos y destructivos bombardeos norteamericanos sobre Japón, «Temblando de miedo ante el fuego, deseamos hacer también uso del fuego, esperando que su violencia se exhiba plenamente en el país enemigo». La idea de Takada era que los globos aprovecharan una fuerte corriente de aire en la estratosfera, recién descubierta en aquellos años, que circulaba desde Japón hasta la costa de América del Norte prácticamente en línea recta y a gran velocidad. El cálculo de Takada establecía que, en sólo tres días, un globo en aquella latitud podría recorrer 8.000 millas y llegar a Estados Unidos. El principal problema técnico consistía en establecer en qué momento el globo debería descender para estrellarse en el suelo y provocar la explosión. La solución fue colocar un lastre que se desprendería por medio de un altímetro, pero nunca llegó a funcionar de modo satisfactorio y la mayor parte de los globos estallaban a gran altura antes de iniciar el descenso. A su llegada a la costa norteamericana algunos fueron localizados por la defensa antiaérea o la aviación y derribados. El material de fabricación creó también algunos problemas al utilizar gomas sintéticas para unir las diversas partes del globo, unas gomas que no resistían la presión. El equipo de Takada ideó entonces un material llamado pasta konnyaku altamente resistente, pero entonces apareció un nuevo problema, las gomas konnyaku era comestibles y los trabajadores del montaje, hambrientos en las condiciones de aquellos últimos meses de guerra, se los comían, con lo que los globos despegaban ya con la seguridad de que se destruirían en pocas horas.

Principio y fin de la Operación

Las primeras pruebas, satisfactorias, se iniciaron en septiembre de 1944 y fue en noviembre del mismo año cuando se lanzó el primer globo. No sin algo de poesía, Takada consignó su impresión del lanzamiento: «La figura del globo fue visible solo durante unos minutos después de su liberación hasta que se desvaneció como un punto en el cielo azul como una estrella durante el día.». El éxito del lanzamiento sólo se pudo suponer, claro, pero la corriente de aire, en su máxima fuerza durante el otoño, con toda seguridad hizo que el globo llegara a su destino, aunque no podía quedar constancia si cumplía o no su misión.

El globo tenía un diámetro de diez metros y diecinueve cables también de diez metros que sujetaban lo que podríamos llamar la barquilla donde iban dos bombas incendiarias, una antipersonal y los sacos de lastre. Los cables y la barquilla iban unidos por un amortiguador y en la barquilla iban incluidos los sistemas de lanzamiento, de explosión y de expulsión del lastre. El lanzamiento se hacía siempre al amanecer y el globo alcanzaba rápidamente su altura máxima donde empezaba a ser calentado por los rayos del sol ya en la corriente llamada «Chorro de aire». En aquellas horas de sol adquiría la máxima velocidad empujado por la corriente de aire y una gran altura por el calentamiento que poco a poco iba perdiendo a medida que se hacía de noche. Al descender demasiado durante la noche debido a las bajas temperaturas se ponía en funcionamiento la expulsión de lastre para volver a ascender y la secuencia volvía a repetir en los dos días siguientes. Al llegar al objetivo, supuestamente, se ponía en marcha el sistema de lanzamiento de las bombas mediante el altímetro y posteriormente explotaba la carga de autodestrucción del globo. Toda esta secuencia era la teoría, claro, pues en la práctica debió haber fallos en todas las fases hasta hacer que casi el noventa por ciento de los globos enviados se perdieran sin causar ningún daño.

A la vista del éxito del primer lanzamiento se inició la campaña enviando cientos de globos y días después existe constancia de la llegada de algunos de ellos a su destino. En los estados norteamericanos de Oregón, Kansas, Iowa, Washington, Idaho, Dakota del Sur y Nevada y en los canadienses de Columbia Británica, Manitoba, Alberta y Territorios del Noroeste se detectaron las llegadas de los globos, aunque sin causar daños. No fue hasta principios de 1945 cuando las autoridades norteamericanas[17] empezaron a sospechar que algo

---

17. https://www.youtube.com/watch?v=o4pQOfBhi5g

Uno de los globos del proyecto Fu-Go en un árbol de Kansas
el 23 de febrero de 1945.

raro estaba pasando con globos de los que no se conocía su origen y
el día 5 de mayo uno de aquellos artefactos, caído la localidad de Bly
en el estado de Oregón, mató a seis personas de una excursión esco-
lar cuando trataban de descolgarlo del árbol en el que había caído.
Un mes antes, en abril, los japoneses habían cancelado la construcción y el lanzamiento ante la falta de resultados y también por la
destrucción de las tres plantas de hidrógeno, bombardeadas por los
norteamericanos.

Elsie (o Elyse) Mitchell
Las seis personas trágicamente fallecidas a causa del globo japonés
eran cinco niños y una mujer, Elsie Winters Mitchell, esposa del pastor de la iglesia evangélica de la localidad de Bly, en el estado de Oregón. Elsie era natural de Port Angeles, en el vecino estado de Washington, hija de un carpintero llamado Oscar H. Winters y de Fanny E.
Winters. Después de graduarse en la Escuela Secundaria de su pueblo
se trasladó a la ciudad de Seattle donde se empleó como criada en
casa del notorio abogado y hombre de leyes Paul Ashley. Poco antes de estallar la guerra, en 1941, reanudó sus estudios en el Simpson
Bible Institute de Seattle, la escuela bíblica regional occidental de la

Iglesia de la Alianza Cristiana y Misionera donde conoció al que sería
su marido, Archie Emerson Mitchell. Tras la graduación de ambos se
casaron en Port Angeles el 28 de agosto de 1943 y dos años después,
en marzo de 1945 Archie Mitchell se convirtió en el pastor de la Iglesia de la Alianza Cristiana y Misionera en Bly, una pequeña ciudad de
cerca de 450 personas. En mayo de 1945 Elsie tenía entonces 26 años,
estaba embarazada de cinco meses y el aciago día 5 de mayo de 1945,
el reverendo Mitchell y su esposa llevaron al grupo de cinco niños de
la iglesia a la cercana Montaña Gearhart para un picnic cuando vieron caer del cielo el globo que quedó atrapado en un árbol. Uno de los
niños, Edward Engen, de 13 años, intentó soltarlo de las ramas que lo
mantenía sujeto y entonces se produjo la explosión.

El Proyecto Z

Visto a la distancia de más de setenta años, la idea de bombardear
Estados Unidos desde Europa o desde el Pacífico Occidental tiene
dos ópticas, una es la que hoy en día no es ningún problema, al menos técnico, y otra es que en 1941 era una locura fuera de la capacidad industrial, técnica y logística del momento. No obstante, los dos
principales enemigos de Estados Unidos, Alemania y Japón, creían
tener la capacidad tecnológica y científica para desarrollar proyectos
de esa envergadura, aunque es ahora evidente que en general la tecnología no estaba lo suficientemente desarrollada. Para los alemanes
el proyecto se llamaba Amerika, un nombre que evidenciaba el objetivo, pero los japoneses bautizaron el suyo como «Z» manteniendo el
secreto en todas sus implicaciones, científicas y militares.

La necesidad de un bombardero de largo alcance era algo obvio
para alemanes y japoneses dada la implicación de Estados Unidos en
la guerra, pero incluso los japoneses preveían utilizar un avión de ese
tipo para castigar la industria rusa en Extremo Oriente a donde se había trasladado huyendo de la presencia alemana en la parte occidental de la Unión Soviética. El Proyecto Z ideado por los japoneses no
fue un plan de acción como el alemán de bombardeo de Nueva York
o cualquier otra ciudad, sino la fabricación de un avión capaz de vo-

lar hasta Estados Unidos desde bases cercanas como podrían ser las islas Kuriles o Midway. El proyecto fue tomando forma a medida que avanzaba la guerra del Pacífico y quedaba de relieve que el poderío industrial-militar de Estados Unidos crecía de un modo exponencial y los mandos japoneses estaban de acuerdo en que era una opción muy positiva llegar a bombardear Estados Unidos, al menos como un modo de distraer fuerzas del teatro de operaciones del Pacífico.

Los detalles del superbombardero

El desarrollo de un avión capaz de llegar hasta Estados Unidos, bombardear algunas instalaciones o ciudades y regresar al Japón fue en gran medida fruto de la voluntad y el esfuerzo de un hombre, Chikuhei Nakajima, creador y director de la fábrica de aviones de ese nombre quien se mostró entusiasmado con la idea, aunque tuvo que pelear desde el primer momento contra la falta de materiales adecuados para la construcción de su modelo. Según los cálculos de Nakajima, el avión diseñado para semejante proyecto debería tener una autonomía de al menos 8.450 kilómetros, despegaría desde una base en las islas Kuriles (Midway tuvo que ser descartada tras la derrota en la batalla naval de junio de 1942), bombardearía el territorio continental de Estados Unidos y continuaría viaje hasta aterrizar en la Francia ocupada donde repostaría combustible y regresaría al Japón. El bombardero diseñado por Nakajima, llamado provisionalmente G10N Fugaku, era un avión dotado con seis motores Nakajima Ha 54 de 5.000 Hp cada uno que posteriormente se pensó en sustituirlos por Mitsubishi Ha-5. La longitud del avión sería de 46 metros y 63 de envergadura. El peso en vacío de 42 toneladas y 122 a toda carga en la que se incluía una tripulación mínima de seis hombres,

El Nakajima G10N1 «Fugaku» era un bombardero pesado japonés que estaba previsto que tenía que llegar a los EE.UU. para bombardearlo.

aunque podría llegar a diez. Su techo de vuelo sería de 15.000 km y su autonomía alcanzaría los 19.400 kilómetros. La carga de bombas estaba prevista en unos 20.000 kg de los que 5.000 serían reservados para el ataque al suelo en Estados Unidos. En este sentido, una de las principales objeciones de los contrarios al Proyecto era que el avión sería extraordinariamente vulnerable durante su vuelo por lo que Nakajima diseñó un armamento excepcional con cuatro cañones de 20 mm y nada menos que 400 ametralladoras distribuidas en diferentes niveles. La efectividad, teórica, del fuego de ametralladora sería suficiente según Nakajima para contrarrestar el ataque desde los buques enemigos con fuego antiaéreo. La idea era fabricar quince de estos aviones que serían los que realizarían el ataque previsto para el otoño de 1942 y el proyecto fue abandonado a mediados de 1944 sin que se hubiera construido ninguno de los aparatos.

Nakajima, el alma del proyecto

Si alguien se jugó todo su prestigio y sus recursos en el Proyecto Z éste fue sin duda Chikuhei Nakajima, uno de esos japoneses con una sólida formación científica y militar y que además había estudiado en Estados Unidos por lo que era de la firme opinión de que era una mala idea enfrentarse militarmente a los norteamericanos. Nacido en 1884 en la ciudad de Ota, de familia de agricultores, estudió ingeniería en la Escuela Naval graduándose en 1907 y obteniendo el grado de alférez de la Armada al año siguiente. Ascendió a teniente en 1911 y fue después comisionado para realizar estudios en Estados Unidos donde se graduó como piloto y realizó estudios de ingeniería aérea. Ya con amplios conocimientos regresó a Japón, realizó mejoras en varios modelos de aviones y fue enviado en 1916 a Europa como agregado militar acumulando conocimientos sobre el combate aéreo. Apasionado por la aviación y con otros planes que incluían la política, renunció a su carrera en la Armada y formó con un socio y amigo la compañíaNihon Hikoki Seisakusho que se convertiría después en Nakajima Aircraft Company. Desde 1930 realizó una campaña política mientras se dedicaba al mismo tiempo al diseño de aviones y llegó a ser ministro de ferrocarriles entre 1937 y 1939. Muy crítico con el ataque a Pearl Harbor se mantuvo apartado de la política dedicándose intensamente a la fabricación de aviones y finalizada la guerra ocupo algunos cargos ministeriales durante pocas semanas hasta que fue detenido y juzgado acusado de crímenes de guerra, aunque nunca se le llegó a condenar. Un ataque cerebral, probablemente un ictus, acabó con su vida el 29 de octubre de 1948.

Bernhard, libras, aviones y falsificadores

El día 6 de diciembre de 2016 fallecía en Praga un hombre llamado Adolf Burger, nacido en la actual Eslovaquia en 1917 cuando esa región formaba parte todavía del Imperio austro-húngaro. Burger, judío y tipógrafo de profesión había tenido un papel fundamental en una operación llamada Bernhard, una idea maquiavélica de Reinhard Heydrich aprobada por Heinrich Himmler en septiembre de 1939 que algunos mantienen que fracasó en sus objetivos, pero que tuvo en jaque al Gobierno británico hasta bien entrados los años cincuenta. La idea de la Operación Bernhard fue una de tantas de Heydrich, el cerebro del régimen nazi hasta su muerte en 1942, y que en su origen tenía como objetivo hundir a la economía británica mediante la falsificación de millones de libras esterlinas. Desde otro punto de vista se mantiene que la idea de la operación no era tanto desestabilizar la economía del Reino Unido sino simplemente utilizar el dinero falsificado para financiar las actividades de las SS y el Gobierno alemán en el extranjero, con la compra de material de guerra, suministros e incluso agentes, todo ello sin que supusiera un gasto para la economía alemana. Si era esta la finalidad, es evidente que la Operación Bernhard fue un éxito, pero cabe la posibilidad que el objetivo fuera más ambicioso y que finalmente no se pudiera inundar las Islas británicas con miles y miles de billetes falsos que debían ser lanzados desde el aire.

Más de veinticinco años antes de la muerte de Burger, en 1989, había fallecido un ex SS llamado Bernhard Krüger, nacido en Riesa, Alemania, en 1904, ingeniero textil al que la guerra y las circunstancias de la época unieron al judío Burger. En 1941, Heydrich encargó la puesta en marcha de la operación al Sturmbannführer Krüger, jefe de la unidad VI f4 de la RSHA, la Oficina de Seguridad del Reich que dirigía Heydrich, quien se puso inmediatamente manos a la obra. Una de las primeras cosas que Krüger vio con claridad era que los expertos en falsificación, caligrafía, impresión y tipografía no abundaban y mucho menos en época de movilización general, así pues recurrió a lo que tenía más controlado, los miles de prisioneros judíos recluidos en guetos o en campos de concentración. De allí sacó a Adolfo Burger y a otros 140 expertos en todas las artes que necesitaba. Ese numeroso grupo, relativamente bien tratado y alimentado, fue enviado al campo de Sachenhaussen, en Orianenburg, donde se realizó la fase principal de la Operación a la que se conoció con el nombre de su principal elemento, Bernhard.

A mediados de 1942 se inició la producción propiamente dicha después de meses de ensayo y preparación y en los meses siguientes, hasta principios de 1945, se llegaron a producir más de ocho millones de billetes falsos de 5, 10, 20 y 50 libras esterlinas valoradas en unos 132 millones de libras, muy superiores a las reservas del Banco de Inglaterra y que, de haber llegado a circular en su totalidad, hubieran supuesto el 15% de los billetes circulantes.

El objetivo o los objetivos

La idea inicial del plan era la de colapsar la economía británica pues el plan preveía el lanzamiento aéreo de miles de billetes sobre el Reino Unido, pero el desenlace de la Batalla de Inglaterra dejó a la Luftwaffe sin la posibilidad de realizar esa fase de la operación y se abandonó esa idea o tal vez fue la muerte de Heydrich, en junio de 1942, la que provocó el cambio de estrategia. El caso es que ya cuando se inició la producción en masa de los billetes se establecieron otros objetivos: la financiación de las labores de espionaje fuera de Alemania, el pago de las compras en países neutrales y de colaboracionistas en países ocupados, introducción en el mercado británico, aunque en pequeñas cantidades con idea de favorecer la inflación. Las primeras remesas de las libras de Krüger fueron enviadas a bancos de Suecia, Turquía, España y Suiza donde se las admitió sin ningún problema y a lo largo de 1943 y 1944 llegaron hasta Oriente Medio, Francia, Holanda, Portugal y a todos los Países Escandinavos. En lo que se refiera

La ciudad de Londres en ruinas tras la Batalla de Inglaterra.

a pagos a colaboracionistas y espías, el más famoso, que incluso llegó a los tribunales, fue el del espía llamado Cicerón, el albanés Elyesa Bazna, que recibió unas 300.000 libras por las informaciones vendidas a los alemanes desde la Embajada británica en Ankara, libras falsas desde luego, y que en 1945 fueron detectadas y rechazadas en un banco brasileño. Bazna llegó incluso a reclamar ante el Gobierno de la República Federal Alemana pero los tribunales alemanes no aceptaron la demanda presentada y Bazna murió en la pobreza en 1971. La mayor parte de los billetes falsificados nunca llegaron a circular y acabaron muchos de ellos en el fondo del lago Toplitz en Suiza.

Las memorias de Burger

Gran parte de la información sobre la Operación Bernhard proviene de las memorias del tipógrafo Adolf Burger publicadas en 1983, obra de los periodistas Sylva y Oskar Krejčí. El relato, titulado *Číslo 64401 mluví* (*Habla el número 64401*) su número en Sachenhaussen, se empezó a escribir en 1970 basado en los recuerdos de Burger quien durante años no había querido hablar del asunto hasta que, según sus palabras, «las mentiras de los neonazis sobre lo sucedido», le llevaron a contar su experiencia. Al morir su padre en 1920, Burger, nacido en Kakaslomnic, en Hungría, se trasladó con su familia a la ciudad de Poprad, en Eslovaquia, donde fue a la escuela y a los 14 años empezó a trabajar como aprendiz en una imprenta. Su madre, judía, se volvió a casar, esta vez con un cristiano, lo que en los años treinta les dejó en la ambigua situación de no-judíos hasta la ocupación del territorio por los alemanes en 1938. Fue entonces cuando Burger se inició como un excelente falsificador, creando documentos falsos para los judíos checos que huían del Reich hacia Palestina. Detenidos por los nazis él y su esposa fueron enviados a Auschwitz donde ella falleció y Burger fue trasladado a Birkenau donde fue reclamado por Krüger para su Operación. Comunista militante desde su juventud, se estableció en Praga acabada la guerra donde tuvo que soportar una de las purgas de Stalin en 1950 aunque sobrevivió y desempeñó varios cargos púbicos hasta su jubilación. Aunque fue reclamado y tentado en múltiples ocasiones, nunca fue un judío militante ni quiso emigrar a Palestina. Cuando murió en 2016 acababa de cumplir los 99 años.

Un segundo Pearl Harbor

El 31 de mayo de 1946, casi un año después de terminada la guerra en el Pacífico, el submarino norteamericano *USS Cabezon* lanzó varios torpedos que hundieron cuatro buques singulares, japoneses, que permanecían custodiados por la marina de los Estados Unidos en la base de Pearl Harbor. Los buques hundidos en el área de Kalaeloa, cerca de la isla de Ohahu, eran un prodigio de la tecnología, dos de ellos eran submarinos de 122 metros de eslora, 12 de manga y 7 de calado armados con ocho tubos lanzatorpedos, tres baterías de tres cañones automáticos de 25 mm cada una, otro cañón independiente de 25 mm y uno más de 140 mm. Estos dos submarinos, llamados *I-400*, tenían un desplazamiento sumergidos de más de 6.500 toneladas, llevaban cuatro motores diésel y dos eléctricos que les daban una velocidad de 18,75 nudos en superficie y 6,5 sumergidos con una autonomía de más de 30.000 millas. La tripulación llegaba a los 200 hombres y sus sistemas de radar y de camuflaje al radar enemigo eran impresionantes. Por encima de sus dimensiones y su capacidad de llegar a cualquier punto de la costa americana, el *I-400* incorporaba algo que le hacía semejante a un portaviones sumergido, podía llevar en su interior hasta tres hidroaviones del modelo Aichi M6A y M6A1 Seiran, pequeños, de despegue catapultado, con una autonomía de 960 kilómetros y capaces de cargar una bomba de 800 kilos o torpedos similares. Los otros dos submarinos hundidos eran dos modelos más pequeños, *I-201* de 79 metros de eslora y armamento similar pero más veloces, capaces de alcanzar sumergidos los 19 nudos. Los submarinos hundidos por el *Cabezon* se habían rendido a los norteamericanos en el enclave de Truk, todavía en poder de los japoneses en septiembre de 1945, siguiendo las órdenes del Cuartel General de la Armada japonesa. Desde su rendición hasta el día 13 de mayo de 1946, los norteamericanos habían estudiado en profundidad los buques, asombrados por su altísima tecnología y la decisión de hundirlos había sido una solución precipitada pues los rusos, aliados hasta hacía unos meses, exigían conocer todo el material de guerra incautado a los japoneses una vez acabado el conflicto, algo que los norteamericanos preferían no respetar.

A los cuatro submarinos japoneses, la rendición del Japón les había sorprendido en pleno Océano Pacífico rumbo a su objetivo, el Canal de Panamá, para llevar a cabo una acción de guerra que se podía calificar como un nuevo Pearl Harbor, una acción que se enmarcaba ya en la táctica suicida que había marcado a la aviación y la marina japonesa en los últimos meses.

El Plan Panamá
Todo aquel asunto había empezado a organizarse en el Cuartel General japonés dos años antes, en agosto de 1943 siguiendo la preocupación del almirante Yamamoto, muerto en una operación encubierta en abril de aquel año, que pretendía recuperar la iniciativa ya perdida con un plan que había imaginado en 1941. De las opciones que se habían barajado, Yamamoto eligió una que afectara sobre todo a la confianza de los ciudadanos norteamericanos que se creían a salvo de la guerra y para ello barajó la posibilidad de atacar las ciudades de la costa oeste norteamericana, pues ya entonces en los astilleros japone-

ses se estaba trabajando en la construcción de un súper submarino y
fue en esa arma en la que el mando japonés depositó su confianza. De
ahí nació el Plan Panamá, obra del capitán Chikao Yamamoto (nada
que ver con el almirante, entonces ya fallecido) y el comandante Ya-
suo Fujimori, que no era otro que atacar y poner fuera de servicio
aquella vital vía marítima que comunica el Océano Atlántico con el
Pacífico y que en aquel momento era de uso casi exclusivo e intensivo de la marina norteamericana. El plan, en sus líneas básicas, consistía en el envío de un número aún por determinar de submarinos
gigantescos, los llamados «portaaviones sumergibles» hasta la costa
de Panamá y dese allí lanzar sus hidroaviones equipados con bombas y torpedos contra las llamadas esclusas de Gatún, que permiten
la elevación de los buques para superar el desnivel entre uno y otro
océano. El bombardeo y destrucción de esas esclusas bloquearían el
Canal, tal vez de forma permanente, con el consiguiente perjuicio
para la navegación, el comercio y la flota de guerra norteamericana.
En el plan se preveía la construcción y envío de 18 submarinos, pero
finalmente se fijó en cuatro y el empleo de 3.000 kg de bombas y

A la derecha, el submarino japonés *I-400*,
amarrado junto al norteamericano USS *Proteus*
en la bahía de Tokio. Septiembre de 1945.

seis torpedos que se suponían suficientes para cumplir el objetivo. La efectividad militar del ataque era algo que los propios japoneses sabían que era limitada pues la flota norteamericana en el Pacífico era ya suficiente para enfrentarse a la japonesa, pero el impacto en la economía y en la población norteamericana hubiera sido semejante al de Pearl Harbor. Poco a poco, el plan se fue dejando de lado por el desarrollo de la guerra y por la lentitud en la construcción de los submarinos hasta que finalmente, el Alto Mando desechó la idea, al menos la idea original. Finalmente, cuando los cuatro submarinos estuvieron operativos, en julio de 1945, la eficacia de la Marina japonesa ya no era la misma y la descoordinación japonesa y el dominio del océano por parte de los norteamericanos hicieron que los buques no pudieran acercarse a la costa americana.

Ya en septiembre de 1941, el general Frank Andrews, fundador e impulsor de la Fuerza Aérea del Ejército norteamericano, tuvo noticias de la vulnerabilidad del canal de Panamá en un momento en que era vital para el envío de buques y material al océano Pacífico, «La pérdida del lago Gatún y eso es lo que me temo, sería una catástrofe estratégica… y era más factible de lo que me hubiera pensado».

El Proyecto Eisenhammer

A finales del invierno de 1941-1942 el ingeniero aeronáutico, doctor Heinrich Steinmann tomó posesión de su cargo como jefe del Departamento de Construcción de la Luftwaffe, en el Ministerio del Aire del Reich. En el edificio de la Wilhelmstrasse, en pie todavía hoy en día, sede del Ministerio Federal de Finanzas, Steinmann se hizo cargo de algunos de los planes de construcción más destacados, algunos irrealizables, de la fuerza aérea alemana, pero en su cabeza, Steinmann traía una idea que era la que le había llevado desde el Comando de la Flota Aérea en el norte de Francia hasta la sede de la aviación en Berlin. Steinmann estaba trabajando en la idea de un avión llamado Mistel, un bombardero de largo alcance basado en el Junker JU-88, una especie de misil o avión sin piloto con un caza acoplado que le serviría de guía. El invento, obra de un equipo en la base de Ainring, en Baviera, seguía la línea del He-177 que se estaba desarrollando para el ultra secreto Proyecto Amerika pero en la cabeza de Steinmann iba adquiriendo importancia un plan tan ambicioso como aquel pero mucho más efectivo. Fue unos meses después, en 1943, cuando Steinmann tuvo la idea de aplicar los Mistel a la lucha en el frente ruso donde la Wehrmacht se debatía contra un durísimo contraataque soviético. Según sus propias declaraciones, la idea le vino por una frase del mismísimo Vladimir Ilich Lenin expresada en 1920, «El comunismo es el poder soviético más la electrificación de todo el país». Según los informes de la Inteligencia alemana, las estaciones eléctricas de Moscú, Gorky, Tula, Stalinogorsk y la subterránea de Rybinsk producían el 75% de la energía eléctrica soviética y Steinmann imaginó que podían ser atacadas y destruidas por los aviones Mistel. Sólo una central en los Urales y otra en Extremo Oriente se salvarían de la destrucción. De llevar a cabo la Operación, que recibió el nombre de Eisenhammer (Martillo de hierro) se habría paralizado la producción militar soviética sin posibilidad de recuperarla pues los gigantescos generadores habían sido adquiridos en Estados Unidos con un gran esfuerzo económico que la URSS ya no se podía permitir en 1943. En ese sentido, el general de la Luftwaffe Karl Koller, enfrentado a su jefe Hermann Goering, sin ideas y superado por las circunstancias, escribió: «La Luftwaffe hubiera contribuido enormemente a la victoria en el Este si hubiese actuado con sus bombarderos contra las raíces de la fuerza ofensiva rusa… en lugar de servir de artillería y bombardear el terreno por delante de la infantería». El problema era que Alemania no tenía bombarderos de largo alcance y cuando se inició el diseño y la construcción de éstos ya era demasiado tarde.

El plan según Steinmann
Cuanto Steimann tomó posesión de su cargo en el Ministerio del Aire se hizo esta pregunta: «¿Por qué no eliminar las instalaciones eléctricas y provocar el desmoronamiento de la industria bélica soviética?». A partir de ahí, Stenimann opinaba que una serie de incursiones aéreas concretas a puntos con-

cretos serían suficientes, contando con que además la industria soviética no podía sustituir los gigantescos generadores que se destruirían.
Los ataques se realizarían en sucesión con los aviones Mistel que car-
garían bombas de unos 1.800 kilos, capaces de alcanzar y destruir objetivos de hasta 200 m^2. Una veintena de estos aparatos se instalaron
en los aeródromos de Brandeburg-Briest, Karlshagen, Orianenburg,
Parchim, Rechlin-Lärz y Rostock-Marienehe mucho más al oeste de
lo que se había previsto en un principio debido al retroceso en el frente
ruso, por lo que se tuvieron que instalar depósitos adicionales en los
aviones y añadir una tercera pata en el tren de aterrizaje para aguantar
el sobrepeso. Una de las ideas de Steinmann sería utilizar las llamadas bombas-globo compuestas del explosivo más grandes flotadores.
Lanzadas sobre el río, el Volga principalmente, serían arrastradas por
la corriente hasta la central eléctrica o la presa donde se provocaría
la explosión.

A principios de marzo de 1945 la flota de Mistel preparada para
el ataque a la Unión Soviética se encontraba dispuesta en sus aeródromos, pero los bombardeos Aliados, sistemáticos y destructivos
sobre la industria de guerra y las comunicaciones se sucedían casi sin
resistencia por parte de la Luftwaffe afectando a los Mistel. Gran
parte de esos aviones se utilizaron en operaciones tácticas, en especial
en la destrucción de puentes para detener los avances Aliados hacia el interior de Alemania,
pero nunca se utilizaron
en operaciones estraté-
gicas. Aun así, se efec-

Prototipo del avión Mistel.

tuaron las últimas pruebas para evaluar si eran capaces de salvar la distancia con los objetivos en Rusia, algo que resultó negativo y la Operación Eisenhammer se anuló definitivamente. A ello contribuyó la evolución de la guerra; el Ejército Rojo estaba ya a las puertas de Berlín, los anglo-americanos ocupaban parte del país, la guerra estaba perdida y no parecía útil el esfuerzo contra las centrales eléctricas rusas.

Operación Transfigure

Un documento con el calificativo de Top Secret, fechado el 10 de agosto de 1944, ponía sobre el papel una operación llamada Transfigure, la que hubiera podido ser una de las operaciones aerotransportadas más importantes de la Segunda Guerra Mundial. El documento se trataba del acta de la reunión de veinte altos oficiales de los ejércitos Aliados, norteamericanos y británicos, presidida por el teniente coronel L.F. Heard en la que se trataron diversos asuntos relacionados con la distribución de funciones y la administración de la Operación que, en sus aspectos militares, ya había sido aprobada por el general Eisenhower, comandante supremo de las fuerzas aliadas en Europa. Básicamente, la Operación Transfigure consistía en la utilización de una considerable fuerza aerotransportada, el Primer Ejército Aliado Aerotransportado, para el cierre de la llamada «bolsa de Falais» que tenía como objetivo cerrar el cerco al 7.º Ejército Alemán y al 5.º Ejército Panzer antes de que pudieran ponerse a salvo. Desde primeros de agosto se había formado el Primer Ejército Aerotransportado compuesto por el IX Troop Carrier Command, el XVIII Cuerpo Aerotransportado, que controlaba la 82.ª División Aerotransportada y la 101.ª División Aerotransportada, la 17.ª División Aerotransportada de la 1.ª División Aerotransportada y la 6.ª División Aerotransportada británicas, la 1.ª Brigada del SAS y otras unidades de transporte de tropas de la RAF y unidades aéreas independientes polacas y canadienses. El mando se le dio al teniente general Lewis Brereton para entonces ya un especialista en la fuerza aerotransportada y pionero de la aviación norteamericana.

La finalidad de Transfigure se presentaba como una continuación de la importante Operación Cobra, la ruptura del frente alemán en Normandía con el cerco de las unidades alemanas en el oeste, en Bretaña y el alto mando aliado la vio necesaria dada la lentitud en el avance aliado y la fuerte resistencia alemana que hacía muy difícil ese avance. Una orden explícita del alto mando fechada el 13 de agosto da fe de la puesta en marcha de la operación: «El comandante supremo acaba de ordenar que la acción ejecutiva con los movimientos, etc... de las formaciones y unidades estadounidenses implicadas en la Operación Transfigure empiece de inmediato».

De hecho, la operación se inició el día 13 de agosto cuando la mayor parte de las fuerzas aerotransportadas fueron enviadas a campos de aviación en el norte de Francia. Uno de los primeros objetivos debía ser la captura de una pista de aterrizaje cerca de Rambouillet y el posterior establecimiento de una cabeza de puente aérea.

La Operación Transfigure partía de la base de que las fuerzas aliadas comprometidas en la batalla no serían capaces de cerrar el cerco de las fuerzas alemanas al mando del general Von Kluge. Los alemanes, entre las localidades de Falais y Argentan habían fracasado en una contraofensiva contra las fuerzas aliadas en Normandía y su única salida era retirarse hacia el este. Por ese motivo, dos columnas, una por el norte y otra por el sur intentaban cerrar el cerco y eliminar aquella importante fuerza alemana. El general Leclerc al mando de la 2ª División Acorazada francesa dirigía el ataque por el sur apoyado por las fuerzas norteamericanas mientras los británicos atacaban por el norte. Finalmente, la bolsa de Falais se cerró cuando ambas columnas tomaron contacto aunque gran parte de las fuerzas alemanas habían escapado del cerco y la Operación Transfigure fue cancelada por una orden fechada el 13 de agosto. De haber eliminado a aquellos dos ejércitos alemanes cercados en Falaise, más de 150.000 hombres, se dice que la guerra hubiera podido darse por terminada, pero el peligro de que el «fuego amigo» alcanzara a las fuerzas aliadas al cerrar el cerco les hizo desistir del asalto final. Por otro lado, más al sur, el general Patton avanzaba con tal velocidad hacia Alemania que no se consideró necesario el desembarco aéreo de Transfigure.

La utilización de paracaidistas en las operaciones militares fue algo que, obviamente, se inauguró en la Segunda Guerra Mundial, aunque ya a finales de la Gran Guerra se habían hecho los primeros experimentos de lanzar algunos soldados tras las líneas enemigas. El desarrollo de la aviación propició el que se crearan unidades de infantería aerotransportadas con la misión de operar tras las líneas enemigas estableciendo cabezas de puente, realizando operaciones de comando o golpes de mano rápidos y con poca preparación. La utilización de fuerzas paracaidistas se dio ya en los primeros días de la guerra con las operaciones alemanas en Polonia y más adelante en Bélgica y Holanda, pero la más destacada operación aerotransportada fue la conquista de Creta realizada por unos 4.500 hombres, paracaidistas y fuerzas aerotransportadas alemanas. En cuanto a los Aliados, fue en Normandía, en las horas previas al desembarco del 6 de junio de 1944 cuando las dos divisiones aerotransportadas norteamericanas, la 101 y la 82 realizaron la más grande operación de esas características.

Aktion 24

En 1991 una operación casi arqueológica tuvo lugar en el lago de Mürtz en el norte de Alemania, a media distancia entre Berlín y Rostock. Del fondo del lago se recuperaron los restos de un hidroavión Do-24, un Dornier de la Luftwaffe de gran capacidad de carga derribado sobre el lago en abril de 1945. De hecho, al Do-24 nunca llegó a despegar pues fue alcanzado por el fuego de un P-51 Mustang norteamericano antes de que lo consiguiera. Ese aparato formaba parte de una escuadrilla de cuatro aviones del mismo tipo incluida en algo llamado Aktion 24, una de esas operaciones un tanto desesperadas que la Alemania nazi, en sus últimos estertores, llevaba a cabo en los últimos meses de guerra. Armas nuevas y revolucionarias, operaciones imposibles y acciones casi suicidas para evitar lo inevitable. Aktion 24 podría clasificarse dentro del último apartado, las acciones suicidas pues el objetivo, la destrucción de puentes de valor estratégico, no era en sí una locura, pero la táctica prevista y en general el desarrollo de la operación sí lo era. El objetivo de Aktion 24 era volar los puentes, esencialmente de ferrocarril sobre el río Vístula, en Polonia, no para evitar el paso de las fuerzas del Ejército Rojo que ya lo habían cruzado, sino para impedir los vitales suministros de combustible, recambios, munición y equipos en general para el millón de soldados soviéticos desplegados. El atacar las vías de suministro del enemigo es algo lógico que está ya en el tratado de Sunt Zu, pero la utilización de pilotos suicidas, de un modo disimulado, era algo nuevo en el Ejército alemán, y apenas ensayado en la aviación japonesa. Los puentes principales que debían ser atacados eran los de Thron, Varsovia, Deblin y Dunjawec, aunque había unos cuantos más que podían ser objetivos, pero la escasez de pilotos y de combustible hacían impensable un ataque masivo y desde la Luftwaffe se contempló sólo el ataque a esos cuatro. Los cuatro aviones Do 24, de gran capacidad de carga, debían ir repletos de explosivos y partirían de la base de Rechlin, un aeródromo hoy conocido como Rechlin-Larz donde se concentraron aparatos y pilotos, pero en una de las incursiones diarias de la aviación norteamericana a finales de abril del 1945 tres de los aviones fueron alcanzados y destruidos por las bombas de los

B-24 y el último, como queda dicho, fue a parar al fondo del lago Mürtz cuando intentaba despegar. El piloto de este último, Feldwebel Heinz-Ottokar Hildebrandt resultó mortalmente herido y falleció casi al momento.

En el caso de los kamikazes japoneses existían, como se sabe ahora, dos factores que lo hicieron posible, por un lado un evidente fanatismo congruente con las enseñanzas del bushido y por otro la evidencia de que en un ataque aéreo convencional, no había posibilidades de alcanzar el objetivo dada la enorme superioridad del enemigo norteamericano y la muerte del piloto, de todos modos, era prácticamente inevitable. El resultado de aquella táctica era la pérdida de los mejores y más experimentados pilotos, algo que los alemanes no estaban dispuestos a asumir pues si bien disponían todavía de suficientes aparatos, los pilotos ya escaseaban. A fin de llevar a cabo operaciones más o menos suicidas, la Luftwaffe creó en abril de 1945 el Sommerkomando Elbe, un equipo de pilotos cuya misión era la de estrellas sus aviones contra los bombarderos Aliados, eso sí, con la orden de lanzarse en paracaídas antes de embestir al enemigo, algo extraordinariamente difícil pero que evitaba la seguridad del suicidio, al menos teóricamente. A tal fin se prepararon los conocidos Bf-109, rápidos y manejables, quitándoles blindaje y armamento para hacerlos más ligeros al tiempo que se entrenaba a los pilotos en la técnica de embestir al avión enemigo contra los depósitos de combustible, el timón trasero o la cabina de los pilotos.

Los cuatro aviones Do 24 que debían partir repletos de explosivos de la base de Rechlin, fueron derribados por la aviación norteamericana.

La única misión del Sommerkomando de la que se tiene constancia tuvo lugar el día 7 de abril cuando 120 Bf-109 despegaron de diversos aeródromos con esa misión. Según los datos norteamericanos 12 aviones de bombardeo fueron atacados de ese modo y ocho de ellos resultaron derribados, unas cifras que los alemanes elevaban a veinticuatro. Existe constancia de que de los doce pilotos alemanes que participaron, según los norteamericanos, sólo cinco sobrevivieron.[18]

El plan contra los puentes

Apoyándose en la existencia del Sommerkomando Elbe, el mando de la Luftwaffe diseñó el plan de destrucción de los puentes sobre el Vístula partiendo de la base de Rechlin con cuatro hidroaviones Do 24. El plan consistía en que pilotos experimentados llevaran los aparatos hasta aguas arriba del río y allí les sustituyeran a los mandos los «pilotos especiales» o Sebstopfer (mártrires) que habían entrenados lo justo para llevar el aparato hasta el objetivo y estrellarlo después con la orden de saltar antes del impacto (!). La incongruencia del plan no es sólo la suerte del piloto novato que estrellaba el aparato, sino la de los pilotos experimentados, ¿cómo iban a volver a sus líneas si habían amerizado en zonas controladas por el enemigo? Se les dotaba de botes neumáticos para abandonar el avión y llegar a la orilla, pero a partir de allí no había un plan de recuperación de tan valiosos pilotos.

El hombre que en última instancia intentó salvar en Rechlin uno de los Do 24, Heinz-Ottokar Hildebrandt, era un experimentado piloto de hidroaviones cuya especialidad era el salvamento en alta mar. Su hazaña más reconocida había sido la que tuvo lugar en el mar Báltico el día 19 de agosto de 1942 cuando rescató a 90 marineros supervivientes de tres torpederos alemanes que habían chocado con minas cerca de la ciudad de Riga.

La operación Aktion 24 nunca llegó a ponerse en marcha.

18. eepages.military.rootsweb.ancestry.com/~josephkennedy/German_Pilot_
Perspective.htm

Avión de transporte Coronado, puesto en servicio
por los norteamericanos en 1937.

Operación Giant 2

A principios de septiembre de 1943 la situación en Italia estaba en un compás de espera para todos los contendientes. Desde el 25 de julio, el Duce Benito Mussolini estaba detenido y el mariscal Badoglio, de acuerdo con el Rey Victor Manuel II, había iniciado de inmediato negociaciones (secretas) con los Aliados con vistas a abandonar la alianza con Alemania y firmar una paz por separado. Tal hecho se produjo el día 3 de septiembre en el más absoluto secreto y se fijó el día 9 del mismo mes para hacer el anuncio. Aquello implicaba que a partir de aquel momento el Ejército italiano dejaba de hacer frente a los Aliados y quedaba junto a los alemanes en un estado de neutralidad. La pregunta era qué ocurriría. En la mayoría de los casos, los alemanes desarmaron a los soldados italianos y dejaron de ocuparse de ellos mientras movían sus unidades para tomar posesión de las posiciones que hasta el momento defendían éstos. Una situación realmente complicada. El mismo día 9, el 6° Regimiento Fallschirmjager, paracaidistas de la Luftwaffe, atacó el cuartel general italiano en el Castillo de Orsini pero fueron repelidos por la guarnición italiana con grandes pérdidas y entre los días 9 y 10 la División de Granaderos de Cerdeña y el Cuerpo de Bersaglieri destacado en Roma intentaron hacerse con el control de la capital. Ese mismo día, el general Maxwell Taylor, jefe de artillería en la División Aerotransportada, se había infiltrado personalmente en la ciudad para acordar con el mariscal Badoglio la cooperación de los italianos en la toma de Roma. Después de la reunión, Taylor informó por radio de la buena disposición de Badoglio y de la seguridad de que las fuerzas italianas asegurarían los puntos de desembarco de la 82 División Aerotransportada, pero cuando ya habían despegado los primeros aviones las fuerzas alemanas habían repelido el ataque de los italianos y controlaban los aeródromos romanos y los puntos de llegada de los paracaidistas por lo que Taylor aún tuvo tiempo de informar de la imposibilidad de llevar a cabo Giant 2. La operación fue cancelada con los aviones de transporte ya en el aire, lo que evitó una masacre entre los paracaidistas y las fuerzas aliadas desembarcaron mediante una operación anfibia unos kilómetros más al sur, en las playas de Salerno.

Un protagonista controvertido
Existen dos versiones de lo acaecido en la Operación Giant 2, uno es el expuesto en el párrafo anterior en el que la situación cambió debido a la rápida reacción de los alemanes al tanto de Giant 2. La otra es que el general Taylor en realidad se jugó la vida en su infiltración a Roma con la intención de efectuar una inspección del lugar y de la disposición de las fuerzas italianas. Esta versión afirma que Taylor dio un informe negativo pues no veía a los italianos ni capaces ni dispuestos a cubrir los objetivos necesarios, es decir, anular las defensas antiaéreas alemanas y mantener el control de los puntos de desembarco y aterrizaje. Fuera de un modo u otro la cuestión es que el mariscal Badoglio y el Rey tuvieron que abandonar Roma y refugiarse en Brindisi, Taylor pudo salir de Roma y volver con su unidad y su acción mereció una mención por el Alto Mando. Maxwell Taylor era natural de Keytesville, en el estado de Missouri, donde nació el 26 de agosto de 1901. Graduado en West Point en 1922 se integró en la División Aerotransportada en 1942 prestando servicio hasta el fin de la guerra. Finalizado el conflicto comandó las tropas aliadas en Berlín entre 1949 y 1952 después de su breve paso en un puesto burocrático en West Point. Sus conocimientos de idiomas y su experiencia

le hicieron integrarse en los servicios de Inteligencia del Ejército y el presidente Kennedy le comisionó para investigar el desastre de Bahía Cochinos, Cuba, en 1961. Hombre de confianza de Kennedy fue su asesor militar y Jefe del Estado Mayor Conjunto hasta 1964. Taylor tuvo una influencia notable en los acontecimientos que llevaron a la guerra de Vietnam y su actuación, recomendando el envío de tropas cuando poco antes lo había desaconsejado, le ganaron muchos enemigos, en especial después de su paso como embajador de Estados Unidos en Vietnam, en plena escalada bélica. También sus compañeros militares le hicieron duras críticas acusándole de romper las relaciones entre el Secretario de Estado, Robert McNamara y la cúpula del Ejército. Maxwell D. Taylor falleció en Washington el 19 de abril de 1987.

Operación Bodenplatte

El 1 de enero de 1945, el coronel de la Luftwaffe Alfred Druschel despegó a los mandos de su JG-2 en la que iba a ser su última misión. Druschel, condecorado en cinco ocasiones y con más de 800 misiones en su hoja de servicios, comandaba un escuadrón compuesto por 144 aparatos, bombarderos JG 2, SG 4 y Bf-109 de escolta, con la misión de bombardear el aeródromo de Sint Truiden en Bélgica. Acosados por un intenso fuego antiaéreo, Druschel se separó de la formación sobre el cielo de Aquisgram y nada más se ha sabido de él, dándole por desaparecido, uno más entre los 23 pilotos de la Luftwaffe perdidos en esa acción. Alfred Druschel formaba parte de la Operación Bodenplatte, un esfuerzo inmenso de la Luftwaffe por eliminar la superioridad aérea de los Aliados en aquellas semanas en que se desarrollaba la crucial batalla de Las Ardenas. La operación se había ido preparando en el más absoluto secreto y cogió por sorpresa a los aliados que perdieron más de 400 aviones, pero también a las defensas antiaéreas alemanas y a la Kriegsmarine que ignoraban lo que estaba pasando de modo que 23 aviones de la Luftwaffe fueron derribados por «fuego amigo». El balance de la operación fue un fracaso desde el punto de vista estratégico, pues si bien en un primer momento consiguieron importantes victorias en los aeródromos de Metz, Eindhoven y Bruselas, en otros el ataque fue eficazmente repelido por la artillería antiaérea y el resultado final fue que, al alcanzar en tierra a la mayor parte de aviones, los Aliados apenas si perdieron una decena de pilotos y en unos días los aviones destruidos ya habían sido repuestos, mientras que los alemanes, faltos ya de pilotos con experiencia perdieron 280 aviones y 213 pilotos que ya no podían ser reemplazados, entre ellos Druschel. Uno de los pilotos que sobrevivió, Peter Brill, ha dejado constancia de aquel día, 1 de enero de 1945: «Yo salí con mi caza desde Duisburg sobre las siete de la mañana... Aquel día todo salió mal, los americanos nos atacaron y sufrimos muchísimas bajas... Fue un fracaso total...»[19]

¿Imposible o inútil?

Visto a distancia, el objetivo de la Operación Bodenplatte no está muy claro pues podría oscilar entre su imposible ejecución o la inutilidad. La idea de la operación salió al parecer del Führer Adolf Hitler a quien, por supuesto, no se le podía discutir y mucho menos se lo discutiría Hermann Goering. El plan consistía, teóricamente, en eliminar la superioridad aérea Aliada, algo puesto de manifiesto desde el desembarco en Normandía y que había sido fundamental en la derrota de la Wehrmacht. La idea de atrapar a los aviones en tierra evitando el enfrentamiento en el aire con la evidente superioridad aliada había sido eficaz en el ataque a Polonia o en la Operación Barbarroja, pues la capacidad de recuperación de Polonia o de Rusia era mínima en aquellos momentos, pero en el caso de la RAF o la USAAF la cosa era muy diferente; la producción aérea en Estados Unidos era muy capaz de sustituir en cuestión de días los aviones destruidos y al cazar los aviones en tierra la eliminación de pilotos experimentados era mínima. Aun así, Hitler consideró que eliminar unos cientos de aviones mientras se desarrollaba la ofensiva de Las Ardenas le permitiría ganar esa batalla. El plan preveía el ataque a

19. *El diario de Peter Brill*. Pere Cardona y Alureano Clavero. DSTORIA Edicions.

La batalla de Las Ardenas constituyó la última gran ofensiva
de Alemania en la Segunda Guerra Mundial y una de las campañas
más sangrientas del Frente Occidental.

dieciséis bases aéreas, la mayor parte en Bélgica y Goering confió la organización a los generales Werner Kreipe y Dietrich Peltz, con buenos historiales pero que tenían que confiar en una mayoría de pilotos novatos. En el curso de la operación quedó demostrado que la escasa pericia de la mayor parte de pilotos alemanes fue uno de los fallos de la operación. Algunos fueron incapaces de encontrar sus objetivos en tierra y otros volaban a escasa velocidad por lo que los antiaéreos y los pilotos de la RAF y la USAAF tenían más facilidad para derribarlos. Otro planteamiento absurdo pero que en el Alto Mando alemán se consideró importante era que los pilotos Aliados, tras las celebraciones de Nochevieja, no estarían en condiciones de combatir, un absurdo como demostró el enfrentamiento del día 1 de enero.

Druschel, una pérdida irreparable
Alfred Druschel fue sin duda uno de los más destacados pilotos de la Luftwaffe. Había nacido en Bindsachen en la región de Büdingen Oberhessenel 4 de febrero 1917 e ingresó en la recién creada Luftwaffe el 1 de abril 1936. Su formación no fue la de piloto de caza, sino que se especializó como observador y especialista en operaciones de bombardeo. Sus primeras misiones se desarrollaron en la invasión de Polonia y posteriormente en Francia donde se destacó en las operaciones de ataque a tierra. Eben Emael en Bélgica, Dunkerque y Auxerre fueron los escenarios de sus éxitos y sus condecoraciones. También participó en la Batalla de Inglaterra con operaciones de cazabombardero en la isla y en objetivos en el Canal. Desde el 5 de abril de 1941 luchó en el frente del Este. En agosto de 1941 contabilizaba siete victorias aéreas (hay que tener en cuenta que no era piloto de caza) y más de 200 misiones que en febrero de 1943 eran ya más de 700.

Alfred Druschel tenía un hermano más joven, Kurt, ingeniero con el grado de teniente de la Kriegsmarine, embarcado en un submarino, el *U-154* hundido por los destructores norteamericanos *USS Inch* y *USS Frost* al noroeste de Madeira el 3 de julio de 1944 sin dejar supervivientes. Se da el caso que Kurt, afiliado al Partido Nazi desde su adolescencia, fue testigo esencial en el juicio y condena a muerte de su capitán del *U-154* Oskar Kusch que fue acusado por sus propios oficiales de «derrotista» por sus posturas antinazis.

4.

Operaciones encubiertas

La Operación Flipper

En el cementerio de guerra de Bengasi, en Libia, una tumba conserva los restos de un soldado británico, un hombre joven, de sólo 24 años, condecorado con la Cruz Victoria y la Cruz Militar y con la Cruz de Guerra del Ejército francés. En el momento de su muerte ostentaba el grado de Teniente Coronel, el más joven con esa graduación del Ejército británico y estaba destinado en los Royals Scouts Greys, una unidad escocesa de rancia tradición. El nombre que ostenta la tumba es Geoffrey Charles Tasker Keyes, su fecha de nacimiento el 18 de mayo de 1917 y la de su muerte el día 18 de noviembre de 1941.

Esa noche de 1941, Keyes desembarcó de un submarino frente a la costa de la provincia Cirenaica de Libia al mando de un comando de cincuenta hombres con una misión muy especial y que, fríamente analizada, estaba destinada al fracaso.

Todo había empezado unos meses antes, los días 15 y 16 de mayo cuando las fuerzas británicas al mando del general Wavell habían sufrido una derrota en la zona de Tobruk frente a las fuerzas blindadas del general Erwin Rommel. Esa fue la primera batalla de tanques que se producía en la guerra y en ella quedó demostrada la superioridad táctica y estratégica de Rommel y la de sus carros de combate Panzer frente a los Cruiser británicos. El Primer Ministro Winston Churchill, famoso por ver siempre más allá de lo obvio, consideró que la clave de todo era Rommel y su prestigio en el Afrika Korps y

El Deutsches Afrikakorps (DAK) fue una unidad alemana enviada al norte de África en 1941 para auxiliar a las tropas italianas en la Segunda Guerra Mundial. Su forma de combatir, muy heroica y siempre en inferioridad, contribuyó a mitificar no sólo al Afrikakorps sino también a su comandante, Erwin Rommel.

de él nació la idea de la Operación Flipper, el secuestro (o asesinato si fuera necesario) de Rommel con la intención de quitar el mejor activo a las fuerzas alemanas del norte de África o exhibirlo en un campo de prisioneros para minar la moral de sus soldados. La esencia del plan era utilizar una unidad de comandos, la Long Range Desert Group, para asaltar el Cuartel General alemán supuestamente situado en Beda Litroria, en la provincia de Cirene y secuestrar al general. Al margen de la dificultad en sí, operar tras las líneas alemanas, realizar el trabajo y conseguir salir con éxito, Flipper tenía un punto débil y ese era la información necesaria. Sobre el terreno, los británicos tenían sus fuentes de Inteligencia, el teniente John Haselc, infiltrado desde hace tiempo entre los árabes de la zona, y su red de espías que le aseguraron que el Cuartel General alemán estaba en Beda Littoria y que Rommel se encontraba en él.

La acción

En la tarde del 10 de noviembre de 1941, dos submarinos británicos, el *Torbay* y el *Talisman*, zarparon del puerto de Alejandría. En el *Torbay* viajaban el teniente coronel Geoffrey Keyes, dos oficiales y

22 soldados y en el *Talismán* el coronel Robert Laycock, dos oficiales y 24 soldados. Keyes tendría el mando directo de la incursión en el Cuartel General de Rommel y Laycock el mando de la Operación en su conjunto.

El día 14 los submarinos estaban ya frente a la costa de Cirenaica pero no fue hasta la noche del 16 de noviembre cuando emergieron para desembarcar a los cincuenta hombres del comando. En la playa se encontraba el capitán Jock Haselden y un soldado árabe que les ayudaron a localizar el punto de desembarco en plena noche y un poco más al interior un equipo compuesto por dos oficiales británicos, un capitán belga y otro soldado árabe que les guiarían hasta el objetivo. Todo empezó a estropearse a causa del mal tiempo y un oleaje inesperado, varios botes naufragaron ahogándose un número indeterminado de hombres, otros tuvieron que regresar a los submarinos agotados e incapaces de llegar a tierra y otros desaparecieron sin dejar rastro. En total, veinte hombres perdidos. La operación continuó a pesar de todo, pero nuevas informaciones les advirtieron que el cuartel general alemán se había trasladado a Sidi-Rafa aunque en realidad, en aquel momento, el general Rommel se encontraba muy lejos de allí, en Roma, celebrando su cumpleaños y lo que se suponía Cuartel General, sólo era un centro de intendencia donde había algunos altos oficiales, pero nadie realmente importante. Al mando de Keyes, el comando se lanzó al asalto de Sidi-Rafa con la seguridad de encontrar a Rommel, pero lo que se encontraron fue una fuerte tormenta con lluvias torrenciales y la resistencia de los soldados y oficiales alemanes de la instalación. En parte debido a la sorpresa y la confusión, los comandos británicos se vieron envueltos en un tiroteo en el que Keyes resultó muerto y su segundo el capitán Campbell cayó herido de gravedad y fue hecho prisionero. El resto del comando asaltante logró huir, pero en los días siguientes fueron cayendo prisioneros, atrapados en los pueblos cercanos. Únicamente el coronel Laycock y un sargento llamado Terry consiguieron llegar a las líneas británicas semanas después, el 25 de diciembre.

La Operación Flipper sería relatada en su libro *Los Zorros del Desierto* por el escritor alemán Paul Carell, que fue Oberstumbanführer de las SS y jefe de prensa del ministro Von Ribbentrop, haciendo hincapié en los errores de Inteligencia de los británicos. Por su parte, éstos, desde su punto de vista, se basan más en otros relatos *Get Rommel: The Secret British Mission to Kill Hitler's Greatest General* por Michael Asher o en el informe redactado por el coronel Robert Laycock que no fue testigo directo de los hechos y que contradice muchas de las declaraciones de los testigos, en especial los soldados de ambos bandos que participaron en el enfrentamiento en Sidi-Rafa.

El protagonista

El protagonista de la historia, aparte de Rommel que tuvo la deferencia de hacer que se enterrara a Keyes con honores militares, fue sin duda el teniente coronel cuyos restos descansan hoy en Bengasi. Nacido en Aberdour, Fife (Escocia), provenía de una rancia familia de militares, hijo de sir Roger John Brownlow Keyes, almirante de la Royal Navyy nieto del general sir Charles Keyes, comandante de las fuerzas británicas en el Punjab. Geoffrey era el mayor de los cinco hijos fruto del matrimonio de sir Roger con Lady Eva Bowley y a pesar de ser miope y tener problemas de oído se vio en la necesidad de emular las hazañas de sus ancestros, en especial de su abuelo Charles, un personaje más propio de una novela de aventuras. A pesar de que Geoffrey se sentía más atraído por la literatura que por la milicia, se vio obligado a ingresar en la Academia Militar de Sandhurst donde se graduó con pésimas notas y presionado por la familia acabó en los Royal Scots Greys. Siempre bajo presión, Keyes entró a formar parte de los nuevos comandos, laLong Range Desert Group con la que a fuerza de voluntad destacó en la batalla del río Litani en Palestina contra los franceses de Vichy. Cuando se planeó la Operación Flipper fue Keyes el encargado de llevarla a cabo, seguramente por «recomendación» de su padre y el joven teniente coronel aceptó el reto a pesar de lo mal planificado y sus escasas dotes. El combate fue de una confusión total y es el relato del alemán Carell el que parece más fidedigno recogiendo la información de primera mano del mayor Hans Poeschel, segundo jefe de Intendencia a cargo del acuartelamiento de Sidi-Rafa en aquella jornada. Según ese relato fue un teniente llamado Kaufholz quien disparó sobre Geoffrey Keyes matándole y a su vez fue alcanzado y muerto por una ráfaga de ametralladora. Ahora bien, el historiador James Owen señala que según la autopsia efectuada a Keyes, el teniente coronel había sido alcanzado por lo que hoy en día se define como «fuego amigo», es decir que fue alguno de sus hombres quien lo mató accidentalmente, algo que nunca han reconocido los británicos.

Pastorius, una Operación o un desastre

La Operación Pastorius propiamente dicha, o su fase final según se mire, tuvo lugar poco después de las cero horas del día 13 de junio de 1942, cuando del submarino *U 202*, mandado por el comandante Hans-Heinz Lindner, salieron cuatro hombres en un bote de remos y se dirigieron rápidamente hacia la costa de Long Island cerca de Nueva York. Cuatro días después, eldía 17, otro equipo de cuatro hombres desembarcaba en Porte Vedra Beach, cerca de Jacksonville, en Florida y dos semanas después los ocho hombres, supuestamente agentes bien preparados, ya estaban detenidos. La llamada Operación Pastorius había terminado antes de empezar.

Los cuatro hombres desembarcados en Long Island, George John Dasch, Ernst Peter Burguer, Richard Quirin y Heinrich Harm Heinck fueron descubiertos en la playa por un oficial de los guardacostas llamado John C. Cullen que no podía dar crédito al ver a cuatro hombres desprenderse de uniformes militares (no pudo identificar que eran uniformes de la Wehrmacht) y vestirse de paisano, ni acabar de comprender que le intentaran sobornar con un fajo de billetes y una velada amenaza para que se olvidara de lo que había visto. Naturalmente Cullen informó del hecho y de inmediato se puso en marcha el operativo del FBI y la policía que acabó con la detención de los supuestos comandos. Uno de éstos, Dash, jefe del comando, confesó toda la operación y no solo eso, sino que informó también de dónde se encontraban los depósitos de armas y explosivos y de la llegada del segundo grupo que debía desembarcar en Florida al que, naturalmente, el FBI detuvo de inmediato. Edward Kerling, Hermann Otto Neubauer, Hernert Hans Haupt y Werner Thiel. En circunstancias

normales, un aguerrido comando dispuesto a llevar la guerra clandestina a Estados Unidos hubiera eliminado sin pestañear al guardacostas Cullen y desde luego no habría hecho lo que hizo Dash al día
siguiente ¡llamar al FBI para entregarse voluntariamente!

Hitler, Canarias y Pastorius

La llamada Operación Pastorius fue una de esas «genialidades» salida del cerebro del Führer quien instó al jefe de la Abwehr, Wilhelm
Canaris, a ponerlo en marcha. Se trataba básicamente de realizar una
serie de atentados en Estados Unidos con el fin de llevar la inseguridad a la población norteamericana, dificultar el envío de tropas a
Europa y afectar a la industria de guerra. Entre los objetivos figuraba
el sabotaje de instalaciones hidroeléctricas, presas y centrales, y las
fábricas de aluminio esenciales para la industria de guerra. También
preveía la Operación Pastorius atacar a la numerosa y poderosa comunidad judía de Nueva York y volar lugares emblemáticos como las
cataratas del Niágara.

El plan, que incluía pagos en efectivo muy sustanciosos, fue diseñado por Walter Kappe, periodista y agente de la Abwehr que había
vivido y trabajado en Estados Unidos desde 1924 a donde emigró
cuando ya era miembro del NSDAP y había sido reclutado por el servicio de Inteligencia de la Wehrmacht. Fue el mismo Canaris quien
dio el nombre de Pastorius a la operación en recuerdo de Francis
Daniel Pastorius, el fundador de la primera colonia de alemanes en

Entre 1939 y hasta 1941, los «U-Boot» alemanes iniciaron un bloqueo contra
Inglaterra que llevó al fondo del mar a miles de buques Aliados.

Norteamérica en 1683 y los hombres reclutados para llevar a cabo la operación fueron seleccionados entre los voluntarios alemanes que habían vivido en Estados Unidos y conocían el país, llamados desde el Ausland Institute, la organización encargada de apoyar a los alemanes en el extranjero. Ninguno de ellos tenía preparación militar o como agentes. Un cursillo de preparación de apenas dos semanas pareció suficiente para enviarlos a una operación de aquella envergadura. Tras su entrenamiento básico los ocho hicieron una gira en Alemania para reconocer fábricas, líneas férreas y conducciones de gas y petróleo y se les hizo estudiar mapas de las instalaciones norteamericanas. Días antes del señalado para su partida fueron enviados a la base naval de Lorient, en la costa francesa, donde embarcaron en los submarinos que les llevaron a Estados Unidos. Tras el fracaso de la operación, Canaris decidió que no volvería a arriesgar un submarino para una operación semejante.

Walter Kappe, periodista y espía

Walter Kappe era sólo un muchacho cuando en 1922 se unió a una organización nacionalista, la Jungdeutscher Orden y al año siguiente se afilió al NSDAP, el partido creado tres años antes por Anton Drexler y Alfred Rosenberg y que desde 1921 tenía como líder al austriaco Adolf Hitler. Kappe había nacido en 1905 en Alfeld, una pequeña ciudad de la Baja Sajonia y vivió en su infancia la Primera Guerra Mundial y el caos subsiguiente en Alemania. En 1924 emigró a Estados Unidos, probablemente ya encuadrado en los servicios de Inteligencia alemanes y empezó a dedicarse al periodismo en la revista Teutonia abrazando de forma apasionada el antisemitismo. Al tiempo que trabajaba como periodista para el Correo de la Tarde de Chicago y como corresponsal del Volkischer Beobachter, el diario oficial del NSDAP, se dedicó a realizar un trabajo de organización y adoctrinamiento de los emigrantes alemanes en Estados Unidos por cuenta del Bundesnachrichtenstelle (Bunaste), el Servicio Federal de Información del Gobierno alemán de la época. Su actividad de periodista-espía continuó hasta 1936 o 1937 en que regresó a Alemania, ya con Hitler en el poder, y se encargó de dirigir el Departamento de Prensa del Instituto Alemán de Asuntos Exteriores en

Stuttgart. Al estallar la guerra, la Wehrmacht se hizo cargo del Instituto y Kappe entró a trabajar para el servicio secreto del ejército, la Abwehr, con el grado de teniente. Fracasada la Operación Pastorius, Kappe fue enviado por la Abwehr a la tarea de interrogar y captar a los prisioneros de guerra norteamericanos de origen alemán. No se tienen noticias de sus actividades posteriores salvo que murió en combate en 1944.

Operación Chispa

Los intentos de eliminación del Führer Adolf Hitler fueron varios a lo largo de su mandato y el más famoso fue la bomba en el refugio del lobo en Rastenburg de 1944 en el que la suerte jugó una mala pasada a los conspiradores. No obstante hubo otros atentados que por una razón u otra fracasaron y que son menos conocidos. Uno de estos intentos de desembarazarse de Hitler tuvo lugar entre el 13 y el 17 de marzo de 1943 y recibió el nombre de Operación Chispa (Funke) jugando con la idea de que la caída del régimen nacionalsocialista en Alemania sólo necesitaba una chispa que provocara el incendio. Como casi todas las demás conspiraciones, la Operación Chispa tenía su origen en el estamento militar prusiano, ferviente defensor de Hitler en sus primeros años de mandato y temeroso después de que la guerra a la que les había conducido acabara igual que la de 1914 o peor. El cabeza de la Operación Chispa fue el general Henning von Tresckow que en 1943 era Jefe de Estado Mayor en el Grupo de Ejércitos Centro en el frente oriental bajo el mando del mariscal Fedor Von Bock. El Grupo de Ejércitos Centro había fracasado en la toma de Moscú el año anterior y se veía ahora empantanado por la negativa de Hitler a autorizar una retirada general que hubiera permitido, según la opinión de los generales, reorganizar sus fuerzas y planear nuevas ofensivas. Von Tresckow se había significado ya entre sus soldados y oficiales como nada simpatizante de Hitler y empezó a conspirar tratando de atraer a sus planes al general Von Bock, manifiestamente contrario a Hitler y al general Von Kluge que sustituyó a Von Bock en el mando del Grupo de Ejércitos Centro. Al tanto de la conspiración, estos dos altos mandos no colaboraron activamente, pero tampoco pusieron ninguna traba a Von Tresckow que siguió adelante con sus planes.

El protagonista

Henning von Tresckow había nacido en Magdeburgo en enero de 1901, vástago de una familia de rancia tradición militar prusiana. Hijo de Leopold Hans Heinrich Eugen Hermann von Tresckow, general de caballería y de Marie-Agnes Gfin. von Zedlitz-Trützschler, estudió en la academia de la ciudad de Goslar y con sólo 17 años participó como teniente en la Primera Guerra Mundial. Al imponerle su primera condecoración en la batalla del Marne, el comandante de su Regimiento de Infantería de la Guardia, el conde Siegfried von Eulenberg, le dijo: «Usted, Tresckow, llegará a jefe del Estado Mayor del Ejército o morirá en el patíbulo por insurrecto». Dejó el Ejército al término de la Primera Guerra Mundial dedicándose a la banca, pero tras su matrimonio con Erika von Falkenhayn, también hija de militar, volvió al

Henning von Tresckow

Ejército. Su simpatía por el movimiento nazi, a causa de la oposición de éste al Tratado de Versalles, duró tan poco como hasta 1934, cuando en «la noche de los cuchillos largos»[20] el régimen nazi mostró su verdadera cara. A partir de ahí la oposición de Von Tresckow a los nazis fue en aumento hasta llegar a la conspiración. Tras el fracaso de la Operación Chispa, Von Tresckow consiguió quedar en el anonimato, pero lo volvió a intentar, esta vez en el grupo de conspiradores de Von Stauffenberg y tras el fracaso y ante la evidencia de que iba a

---

20. Se llamó así a la noche del 30 de junio de 1934, alargada hasta el día 2 de julio, en que Hitler se deshizo del «ala izquierda» de su partido, asesinando a los principales dirigentes del NSDAP y de las S.A.

ser detenido se suicidó con una granada de mano en el frente oriental, en Ostrow cerca de Bialystok. Se da la circunstancia de que en el momento de su muerte se supuso que había sido víctima de los partisanos y fue enterrado con todos los honores, pero siempre vengativo y cruel, Hitler ordenó que su cuerpo fuera desenterrado e incinerado cuando se enteró de que había participado en la Operación Valquiria. La esposa y los hijos de Von Tresckow fueron arrestados, pero sobrevivieron y emigraron a Estados Unidos.

Von Tresckow y el Cointreau

Ni Von Kluge ni Von Block estaban dispuestos a dar un golpe de Estado o a significarse en un atentado contra el Führer, pero desde luego tampoco tenían ningún interés en defenderle o mantenerle en el poder, así que Von Kluge se limitó a dejar hacer a Von Tresckow mirando para otro lado y a prepararse para hacer valor su rango en el caso de que desapareciera el Führer. El general Ludwig Beck fue algo más entusiasta y se adhirió al grupo de conspiradores que incluyó al oficial de inteligencia Rudolf Christoph von Gersdorff y al teniente Fabian von Schlabrenddorff. El plan era asesinar el Führer, desde luego y para ello fijaron un día, el 17 de marzo de 1943 en el que Hitler debía volar en su avión privado, el Cóndor, al refugio de Rastenburg en la Prusia Oriental. Fue el día 13 cuando Von Schlabrenddorff, encargado de la preparación de la bomba, un tipo de explosivo conocido como «bomba barométrica», la colocó en el avión. La bomba, oculta en dos botellas de Cointreau, debía detonar al alcanzar el avión determinada altura, pero la bajísima temperatura impidió el encendido de la espoleta y el avión voló sin incidentes. El compartimento de equipajes no estaba climatizado.

Aunque fracasado el intento, los conspiradores recuperaron las botellas explosivas y pudieron salvarse sin que nadie sospechara nada aunque todos ellos siguieron conspirando y participaron en el atentado de Rastenburg, el más serio, que estuvo a punto de acabar con la vida de Hitler pero que descabezó definitivamente la conspiración.

Se han llegado a contabilizar hasta cuarenta atentados contra Hitler, aunque no todos ellos, ni mucho menos, tenían posibilidades de éxito y todos ellos pasaron a la lista de Misiones Imposibles. El mismo Von Gersdorff intentó lo que podríamos llamar un atentado suicida pocos días después de la Operación Chispa, el 23 de marzo, en el curso de la visita de Hitler al Museo Militar de Zeughaus de Berlín[21]. El de Rastenburg de 1944 fue sin duda el que pudo haber tenido éxito, pero hubo otro mucho antes, el 8 de noviembre de 1939, en la cervecería Bürgerbräukeller de Munich donde una bomba colocada por Georg Elser, de origen campesino, anti nazi y carpintero de profesión, estalló sólo siete minutos después de que Hitler saliera de la cervecería matando a siete personas y destruyendo el local.

Operación Rabat o cómo deshacerse del Papa

El día 13 de septiembre de 1943, el SS Gruppenführer Karl Wolf, jefe de las SS y de la Gestapo en Italia, tenía una cita importantísima. Había volado hasta Berlín desde Milán, en el norte de Italia, donde ejercía de Gobernador Militar para entrevistarse con el Führer Adolf Hitler obedeciendo una orden cursada el día anterior. Wolf, que ostentaba el cargo de Gobernador desde febrero del mismo año, acababa de ser informado de la Operación Gran Sasso en la que Benito Mussolini había sido liberado del confinamiento a que había sido sometido tras el golpe de Estado de Badoglio. Días antes, el 9 de septiembre, se había producido la acción en Monterotondo donde una unidad de paracaidistas, el 6º Regimiento Fallschirmjager, había sido diezmado al intentar capturar sin éxito al Alto Mando italiano atrincherado en el Castillo de Orsini. Los Aliados, americanos y británi-

21. Un relato de ese atentado está en la obra *Espías y la guerra secreta* de José Luis Caballero. Redbook ediciones.

cos, seguían empujando las líneas alemanas hacia el norte después de la batalla de Salerno y amenazaban Nápoles, mientras Wolf se ocupaba de reorganizar sus fuerzas en el Norte de Italia tras la neutralización del Ejército italiano. El Gruppenführer no acababa de entender qué asunto tan importante requería su presencia en Berlín en aquellas circunstancias, pero naturalmente las órdenes del Führer no se discutían, así que aquella mañana se dirigió a la Cancillería para oír la orden más inesperada en su carrera: «Quiero que usted y sus tropas ocupen la Ciudad del Vaticano lo antes posible, que se hagan con sus archivos y sus tesoros artísticos y que traigan al norte al Papa y a la Curia». El Gruppenführer Wolf no podía creer lo que estaba oyendo. La orden de ocupar Roma ya estaba dada, pero con la salvedad de que ni la Wehrmacht ni las SS debían entrar en El Vaticano y aquella contraorden sorprendió profundamente a Wolf, católico más o menos prácticamente, pero respetuoso con la persona de Pío XII. La relación entre Hitler y el cardenal Giovanni Pacelli, cuando éste había sido nuncio en Alemania, no había sido cordial pues el nuncio no aceptaba de buen grado las opiniones y actitudes del NSDAP ha-

El Papa Pío XII, en su despacho.

cia los judíos. Otra cosa era que el hombre que sería elegido Papa con el nombre de Pío XII temía más a la revolución atea y comunista que a los nazis por lo que nunca llegó a pronunciarse en público contra el régimen nacionalsocialista alemán y de hecho convivió en paz con el fascismo italiano. Pero el Führer, vengativo y rencoroso no olvidaba las «agrias discrepancias» con Pacelli y no estaba dispuesto a dejarle en Roma convertido en colaborador de los aliados. En palabras del Führer (según Wolf, que esa es otra cuestión) «No quiero que caiga en manos de los Aliados o que se someta a las presiones e influencias políticas». Poco antes de la caída del régimen fascista, el Conde Ciano, ministro de Asuntos Exteriores y yerno de Mussolini, conocedor de las presiones de Alemania sobre el Papa llegó a decir «El Papa está dispuesto incluso a ser deportado a un campo de concentración, pero no hará nada que esté en contra de su conciencia», lo que, siempre en el terreno de las especulaciones, querría decir que Hitler pretendía algún posicionamiento claro de la Iglesia católica a favor del régimen nazi. En el fondo, existe la creencia de que Hitler, bautizado como católico en su Austria natal, añoraba una religión parecido al islam plenamente integrada en la realidad política o tal vez una «iglesia germánica» semejante a la anglicana y con las veleidades «arias» de Heinrich Himmler y otros iluminados aficionados al esoterismo y a las religiones pre-cristianas de Germania. De los planes de secuestro no existe documentación alguna, salvo las declaraciones de Karl Wolf, algo que, de ser cierto el plan, no sería de extrañar pues semejante agresión al mundo católico era mejor mantenerla en secreto, pero el caso es que Wolf, según sus declaraciones, fingió seguir las instrucciones del Führer pero se negó en redondo a llevarlas a cabo y no movió un dedo para poner en marcha la Operación Rabat.

La antítesis de Rabat

En mayo de 1945, firmada la rendición de Alemania, el Obergruppenführer Karl Wolf fue detenido en Italia por los norteamericanos a quienes, al parecer, se entregó voluntariamente. Internado en la prisión de Bolzano fue trasladado a la prisión de Nürenberg en el mes de agosto donde debía comparecer ante el Tribunal que juzgaba a los criminales de guerra y dirigentes nazis, pero sólo en calidad de testigo.

Wolf no tenía una acusación concreta, claro que como general de las SS, una organización calificada de criminal, los británicos reclamaron su custodia y le encarcelaron en la prisión de Minden a la espera de concretar de qué se le acusaba. Íntimo de Heinrich Himmler y con el importante cargo de Gobernador del Norte de Italia las sospechas recaían sobre él y finalmente, en 1948, fue condenado a cinco años de cárcel por su pertenencia las SS. Recurriendo contra la sentencia, la pena le fue rebajada a cuatro años y salió de prisión dedicándose entonces a la publicidad en la localidad de Starnberg. De Wolff se decía que era un arribista, un individuo sin escrúpulos que utilizó el nazismo para prosperar en la vida y aquello quedó de manifiesto cuando, a raíz del juicio contra Adolf Eichmann empezó a publicar artículos en prensa hablando sobre su amistad con Himmler lo que le valió que los fiscales se fijaran de nuevo en él y le acusaran finalmente, en 1962, de connivencia en el asesinato de unos 300.000 judíos. Fue entonces, en el curso de ese juicio cuando Karl Wolff destapó, o inventó, la historia de la Operación Rabat que él mismo, según sus palabras, se encargó de neutralizar, salvando así al Papa. La falta de credibilidad de Wolff es proverbial pues estuvo implicado posteriormente en el asunto de los «diarios» de Hitler, la falsificación más impresionante de documentos relacionados con la Segunda Guerra Mundial, obra del redactor de la revista *Stern*, Gerd Heidemann y del coleccionista de Militaria de Stuttgart, Konrad Kujau, publicados en 1983. En agosto de 1969 Wolff había sido puesto en libertad por razones médicas y falleció el 15 de julio de 1984, en Rosenheim. Como suele suceder, tras su muerte, la familia intentó revindicar su figura presentándolo como un idealista preocupado por el futuro de Alemania y resaltando su supuesta acción de defensa del Papa, pero su personalidad, su trayectoria y la falta de documentación y declaraciones de otros protagonistas hacen pensar que todo era una estrategia para eludir sus responsabilidades como alto cargo de las SS.

Mi nombre es Wolff, Karl Wolff

Nacido en Darmstadt en mayo de 1900 en el seno de una familia de la pequeña nobleza del estado de Hesse, con sólo 16 años se alistó en el Ejército para participar en la Primera Guerra Mundial. Luchó en el frente occidental y en 1918 poco antes de finalizar la guerra recibió su primera condecoración, la Cruz de Hierro de segunda clase por su valor en combate. Abandonó el Ejército nada más finalizar la contienda con el grado de teniente dedicándose a los negocios y consiguiendo muy buenas relaciones en la banca alemana. Ingresó en el NSDAP, el Partido Nazi, en 1931 cuando ya se veía que ahí estaba el futuro de Alemania. En 1932 ya era miembro de las SS donde en poco más de un año llegó a trabajar en la secretaría de Heinrich Himmler con el que entabló una fluida relación. De hecho, llegó a tener entre 1939 y 1943 el discreto e importantísimo cargo de enlace entre la oficina del Reichsführer SS y el Cuartel General de Hitler y se le consideraba el tercero en la línea de mando de las SS tras Himmler y Reinhard Heydrich (y su sucesor Ernst Kaltenbrunner). De ahí pasó a su cargo en Italia donde permaneció hasta el final de la guerra.

En la historia de Wolff todavía hay otro episodio tan oscuro como el asunto de Rabat. En febrero de 1945, Wolff, por propia iniciativa o dirigido por Himmler, se entrevistó con el Führer en Berlín y le propuso, según Wolff, un plan de rendición a los anglo-americanos dejando fuera a los soviéticos, un plan que Hitler detestaba profundamente pero que, ante su silencio, Wolff afirma que lo interpretó como aprobación. En medio de la confusión de las últimas semanas de guerra, Von Ribbentrop y Himmler, cada uno por su lado, intentaban llegar a un acuerdo semejante, pero Wolff lo que hizo fue negociar por su cuenta la rendición de las tropas alemanas en Italia antes de que el país cayera en manos de los partisanos comunistas italianos, franceses y yugoslavos. Fue Wolff el alto oficial de las SS que se entrevistó en varias ocasiones con Allen Dulles, jefe de la OSS, la antecesora de la CIA, intentando negociar la rendición de Italia en la que, según Wolff, contaba con la aprobación del mariscal Kesselring. Pero Kesselring fue sustituido en Italia en marzo de 1945 y permaneció fiel a Hitler hasta el final. Todas esas maquinaciones hicieron enfrentarse a Wolff con Himmler y Ernst Kaltenbrunner, segundo jefe en las SS y jefe de la RSHA, la todopoderosa oficina de seguridad del Reich e incluso, según Wolff, su vida llegó a peligrar. En abril, las conversaciones con los anglo-americanos habían fracasado y Wolff, de regreso en Italia empezó a tomar decisiones como la de gestionar la rendición de los fascistas italianos aún beligerantes y el cese de hostilidades de los SS contra los partisanos. Siempre según Wolff, fue su insistencia ante el general del X° Ejército alemán Traugott Herr y ante Kesselring, comandante en jefe de las fuerzas en el Sur, lo que consiguió que los alemanes se rindieran por fin en Italia.

Operación Foxley

A mediados de junio de 1944, Winston Churchill tuvo una serie de reuniones con altos cargos militares para una de aquellas ideas que el primer ministro británico barajaba constantemente dentro de su estrategia de ajedrez, con movimientos rápidos y sorprendentes contra el enemigo alemán. Estas reuniones, con una finalidad concreta, habían nacido después de que el primer embajador británico en Francia tras la conquista de París, Alfred Duff Cooper, hiciera llegar a Churchill una información según la cual, Adolf Hitler se encontraba en la localidad francesa de Perpignan. Otros documentos de la época afirman que fueron fuentes del MI6 las que detectaron al Führer en la ciudad francesa, pero el caso es que el Alto Mando británico no creyó aquellas afirmaciones, aunque a partir de ahí Winston Churchill empezó a acariciar la idea de un atentado contra Adolf Hitler, una operación a la que llamó Foxley, dirigida presuntamente por el general Colin Gubbins, alto oficial del SOE. Los contactos de Churchill con destacados miembros del gobierno, del Ejército, del SOE y del MI6 no aclararon ni la posibilidad ni la efectividad del atentado. Uno de los mandos militares consultados, el general Hastings Ismay, secretario del Gabinete de Guerra y que hablaba en nombre del Estado Mayor, opinaba que era preferible que Hitler continuara vivo y al mando de las operaciones militares dada su incapacidad para dirigirlas correctamente. Por su parte, el vicemariscal del Aire A. P. Ritchie, miembro del SOE, se mostró entusiasmado con la idea aduciendo que el carisma del Führer entre la población alemana harían muy efectiva su liquidación para el curso de la guerra. Tanto el SOE como el MI6 por boca de su jefe sir Stewart Menzies lo consideraban posible y por tanto eran partidarios de llevarlo a cabo, al igual que mantenía el Ministro de Asuntos Exteriores sir Anthony Eden. Los contrarios a la Operación Foxley aducían que toda aquella idea parecía sacada de una novela publicada en 1939 y llamada *La caza del hombre*, obra de Geoffrey Housebold donde se planteaba precisamente el magnicidio de un dictador que todo el mundo identificaba con Hitler. La precisión del atentado descrito en la novela, en un escenario semejante al del Berghof, el refugio de Hitler en los Alpes, daba alas a los partidarios, pero los militares más avezados (o más conservadores) dudaban que un equipo del SOE pudiera pasar desapercibido en aquellos bosques esperando la llegada del Führer, absolutamente imprevisible. Finalmente, el SOE, encargado de planear y realizar el plan de la Operación Foxley llegó a la conclusión de que no era efectivo llevarlo a cabo, pero no por consideraciones militares, sino porque la acción podría convertirlo en un mártir, lo que daría alas a la resistencia de los nazis, y podría ser sustituido por alguien más eficaz en la dirección de la guerra. Un coronel llamado Thornley, jefe de la sección alemana del SOE escribía literalmente: «Como estratega, Hitler ha sido una grandísima ayuda al esfuerzo de guerra británico... Su utilidad para nosotros ha sido equivalente a un número casi ilimitado de agentes del SOE de primera clase estratégicamente situados dentro de Alemania... Sigue estando en una posición que le permite desestimar las operaciones militares más sólidas y, de ese modo, ayudar enormemente a la causa de los aliados».

El plan de acción

La paranoia de Hitler con los atentados contra su persona, su desconfianza, pero también el hecho incuestionable de que se estaba en guerra y tenía millones de enemigos, hacía que sus movimientos, siempre sujetos a su voluntad, fueran totalmente imprevisibles. En contadas ocasiones salía de Berlín y casi en exclusividad para dirigirse al «refugio del lobo» en Rastenburg, Prusia Oriental, o al «nido del águila» en Berchtesgaden. Aunque en los años treinta había utilizado con frecuencia el avión para sus desplazamientos, tras el estallido de la guerra sus viajes eran casi exclusivamente en tren por lo que el SOE, al planear la operación la centró en el tren y en Berchtesgaden (más accesible para un comando que Rastenburg). La Operación

Foxley se basó en los detallados informes del MI6 sobre el Führer Adolfo Hitler, firmados por HB/X, que incluían su aspecto físico y sus hábitos diarios. La sugerencia de armas incluía las químicas y bacteriológicas, aunque finalmente se optó por el método del francotirador que debía ir armado de un fusil Sniper de alta precisión lo que explica la necesidad de conocer en qué momento paseaba por la terraza de su refugio de Berghof y su aspecto físico exacto para no confundirle en la distancia con otra persona. En el caso de atentar contra él en el tren se utilizaría un cañón portátil PIAT, antitanque y alto poder perforante.

Aunque se desechó su puesta en práctica, la Operación Foxley no desapareció totalmente de los planes del SOE y todavía en febrero de 1945 se contactó con un especialista en operaciones especiales, el capitán Edmund Bennett, en aquel momento agregado militar en la embajada de Washington, como el tirador que podría efectuar el disparo. Dos meses después, en abril, la RAF bombardeó intensivamente el Berghof con la sospecha de que Hitler podría haberse refugiado allí huyendo de los rusos. El lugar fue arrasado, pero Hitler no estaba allí. No había subido a los Alpes desde julio del año anterior.

Operación especial y secreta

El informe sobre la Operación Foxley ha permanecido oculto durante setenta años hasta que las autoridades británicas han levantado el secreto, pero aun así todo el asunto permanece todavía en una nebulosa con muchas zonas oscuras. Para empezar, la firma del documento LB/X aun hoy no ha podido saberse a quien corresponde. Parece evidente que se trata de un agente del SOE infiltrado en altas esferas nazis, capaz de recopilar información absolutamente personal del Führer como sus horas de sueño o su libro de cabecera. Se sospecha que la firma corresponde al mayor HB Court que aparece mencionado en algunos documentos relativos al personal del SOE, pero esa sospecha está basada simplemente en la coincidencia de las iniciales y la lista original no existe. Otro personaje del que sospecha podría ser el autor es el mayor HD Harold Darlington, existente en la lista de personal y que podría ser el agente mencionado. HB Court no aparece en las listas de agentes porque las listas han desaparecido,

Los planes de los Aliados para atentar contra Hitler tuvieron muchas reticencias, ya que intuían que así podían convertir al Führer en un mártir.

pero sí hay referencias de él en otros documentos. Al parecer era un ingeniero civil que se había alistado en un regimiento de ingenieros del Ejército en la Primera Guerra Mundial para el que había realizado trabajos en Inteligencia en Bulgaria. Sus excelentes conocimientos de topografía y de técnicas de localización le hicieron, probablemente, ideal para la Operación Foxley, pero apenas se sabe nada de él hasta su presunta integración en la sección X del SOE al inicio de la Segunda Guerra Mundial.

La mezcla entre realidad y ficción en la Operación Foxley se hace más evidente en la creación del personaje del francotirador de *La caza del hombre*, basado en el capitán Bennett. Al parecer, Edmund Bennet era un miembro del Ejército nacido en Manchester y que ha-

bía pasado gran parte de su juventud en Alemania trabajando para
una empresa textil. Alistado al principio de la guerra participó en
acciones en el norte de África, especialmente en la batalla de El Alamein y posteriormente se le envió a Washington como enlace con el
Estado Mayor del ejército de Estados Unidos. Según todos los indicios fue él quien se ofreció para ser el francotirador que acabara con
Hitler, apenas un mes antes de que el Führer se suicidara.

Zeppelin, una auténtica historia de espías

Al igual que los Aliados maquinaban sobre la eliminación de Adolf
Hitler, también los alemanes tenían sus planes de liquidación de los
dirigentes aliados. El plan más conocido fue el de la Operación Gran
Salto por el que los alemanes pretendían matar de un golpe a Roosevelt, Stalin y Churchill, una de esas operaciones imposibles que finalmente fue desechada. Pero eso no fue todo, ni mucho menos y hubo
una operación, la Operación Zeppelin, que pretendía el asesinato de
Josif Stalin y que no sólo se planeó, sino que llegó a ponerse en marcha y fue desbaratada por la convergencia de varias circunstancias
fortuitas y por el trabajo del servicio secreto soviético.

Todo comenzó con una labor de contraespionaje típica, que tuvo
su origen la noche del 31 de mayo de 1942 en los alrededores de Vol-
kov, cerca de Leningrado. Aquella noche una patrulla de soldados soviéticos, al mando del teniente Piotr Shilo, fue sorprendida por otra
patrulla alemana y liquidados la mayor parte de sus miembros. En lo
que respecta al teniente Shilo, los soldados supervivientes le acusaron
de entregarse voluntariamente a los alemanes, algo que al parecer
quería hacer desde hacía tiempo. Cuando los servicios secretos alemanes le entrevistaron, vieron posibilidades y fue utilizado primero
como confidente infiltrado en los campos de prisioneros, para probar
sus intenciones, algo que resultó muy positivo para la Abwehr y tras
meses de preparación fue adscrito a operaciones especiales una vez
demostrada su fidelidad al Tercer Reich.

Tras la captura y la utilización del teniente Shilo, los informes
que consiguió para el servicio secreto del Ejército llegaron a las ma-

nos de Walter Schellenberg, jefe del contraespionaje alemán quien vio en Shilo alguien con posibilidades de llevar a cabo uno de sus objetivos: la Operación Zeppelin, el asesinato de Stalin.

La muerte del dictador soviético había sido una obsesión de algunos de sus opositores políticos más que del enemigo nazi y durante la guerra fueron sólo tres los intentos alemanes contra su vida, el primero de ellos el ya mencionado en la conferencia de Teherán, un segundo en el balneario de Sochi y finalmente la Operación Zeppelin que pudo haber sido un éxito. Zeppelin se forjó en una reunión entre Schellenberg y el ministro de Asuntos Exteriores Joachim Von Ribbentrop, de quien partió la idea y fue aprobada por Ernst Kaltenbrunner, jefe de la Oficina de Seguridad del Reich. Para entonces Piotr Shilo se había convertido en el mayor Tavrin (o Savrin), con documentación del NKVD que le permitía moverse con soltura entre los soviéticos, pero había un detalle y es que el contraespionaje del NKVD, el Smersh, se había fijado en Shilo desde que dos supervivientes de su patrulla habían expresado su convencimiento de que el teniente no había sido hecho prisionero, sino que había ido directamente a pasarse a los alemanes. Smersh todavía no había conseguido averiguar qué había sido de Shilo y no lo relacionaban con Tavrin pero el caso es que estaba tras su pista.

Ser o no ser

Convencido Schellenberg de la posibilidad que se le ofrecía, se montó la Operación Zeppelin que debía ponerse en práctica a finales de 1944. La idea era dotar al «mayor Tavrin» de un lanzagranadas de pequeño tamaño que debía ocultarse en la manga de su abrigo. Amparado por su identificación de miembro del NKVD, Shilo-Tavrin debía acercarse lo suficiente a Stalin, extremadamente receloso y disparar contra él incluso si iba dentro del coche blindado. Tal vez aleccionado por el atentado contra su anterior jefe, Reinhard Heydrich, Schellenberg dotó a su hombre de dos armas más por si fallaba la primera, una pistola y una mina accionada a distancia. La operación debía empezar con el traslado del comando y las armas a bordo de un avión de transporte Arado 232B que les debía dejar en algún lugar entre Smolensk y Moscú. Desde ahí, Shilo y su esposa Lidia Yakolevna (casados a toda prisa para ayudar a su cobertura) debían ir en moto hasta Moscú donde él se acercaría hasta Stalin. Ahí entraron en juego los dos factores inesperados, el contraespionaje soviético y la casualidad. El Smersh había localizado en Riga algo sospechoso, un sastre que había ensanchado de forma inusual una sola manga de un abrigo militar para un miembro del NKVD lo que puso al contraespionaje tras la pista de algo desconocido y sospechoso. Por otro lado, los miembros de una batería antiaérea soviética confundieron las órdenes de informar sobre algún vuelo inusual en aproximación a Moscú y simplemente dispararon contra el Arado 232B que llevaba al «mayor Tavrin» y su esposa. El avión no fue derribado, pero tuvo que hacer un aterrizaje de emergencia en una zona no prevista, más al oeste, donde fue localizado por las patrullas rusas, aunque ya Shilo y Lidia habían podido emprender su viaje en moto hacia Moscú. Después de superar diversos controles, la pareja llegó a la capital rusa y allí cometieron el fallo que les llevó a la detención. En un comentario distendido, Shilo afirmó que llevaba toda la noche conduciendo sobre la moto y el guardia que le escuchaba se percató de que, a pesar de una fuerte tormenta que había durado varias horas, el mayor del NKVD que hablaba con él llevaba la motocicleta y la ropa seca[22]. La Operación Zeppelin fracasó en aquel momento. Shilo y Lidia fueron detenidos. Nada hace suponer que la operación hubiera sido un éxito, pero el error de un comentario inadecuado precipitó el fracaso. A pesar de que la operación ya había sido desactivada, Schellenberg no era consciente de ello y durante mucho tiempo pensó que Zeppelin seguía en marcha.

Piotr Shilo, o Piotr Tavrin

Según todos los indicios, Piotr Shilo, alias Polykov, había nacido en Cherginov, Ucrania, en 1909 en el seno de una familia de kulaks, los pequeños propietarios agrícolas que fueron el objetivo de la política de represión de Stalin. Despojado de los bienes familiares, consiguió trabajar para la comunidad de su ciudad natal pero poco después fue

22. Existe un magnífico relato de la aventura de Shilo en el libro *Operaciones secretas de la Segunda Guerra Mundial* de Jesús Hernández. Editorial Nowtilus.

Stalin encabezó las delegaciones soviéticas en las conferencias de Yalta y Potsdam, en las que se trazó el mapa de la Europa de posguerra.

acusado y condenado por malversación, lo que le envió a varios campos de internamiento de los que consiguió huir. Fue entonces cuando cambió su nombre por el de Peter Ivanovich Tavrin huyendo de su pasado. En 1942 fue reclutado para el ejército donde llegó al grado de teniente, pero con un profundo resentimiento contra la URSS que le mantenía predispuesto a pasarse a los invasores alemanes. De ahí la sospecha de que cayó deliberadamente en la trampa de la noche del 31 de mayo para pasarse al enemigo. Ya como agente alemán, tras su detención en Smolensk, Shilo-Tavrin hizo otro quiebro y colaboró realmente con el NKVD dando todo tipo de información sobre la operación y las redes alemanas en la Unión Soviética de tal modo que incluso realizaba y recibía llamadas desde Alemania supervisadas por el NKVD. Finalizada la guerra aún hizo algunos trabajos para el espionaje soviético, pero finalmente fue detenido, juzgado, condenado a muerte y ejecutado en marzo de 1952.

¿Operación Gran Salto o Gran Engaño?

Entre el 28 de noviembre y el 1 de diciembre de 1943 tuvo lugar en Teherán, la capital del entonces reino de Irán, una reunión en el más alto secreto entre los tres máximos dirigentes de los Aliados en la guerra que se mantenía contra el Eje Roma-Berlín-Tokio, un acontecimiento que los servicios secretos bautizaron como Eureka. Winston Churchill, Josif Stalin y Theodor Roosevelt se reunieron presidiendo amplias delegaciones para tratar, principalmente, el asunto de la apertura de un nuevo frente en el oeste que aliviara la presión alemana sobre la Unión Soviética. El encuentro en Irán no carecía de peligros pues el Sha Reza Pahlevi, pro nazi, acababa de abdicar en su hijo Mohamed apenas un par de años antes dejando una amplia colonia alemana y desde luego decenas de agentes de la Abwehr, el servicio secreto militar. Aunque el país había sido ocupado por británicos y rusos, estos últimos se habían tenido que emplear a fondo para salvaguardar a los mandatarios, persiguiendo a los agentes alemanes y estableciendo los protocolos de protección. Lo que no sabían los agentes del NKVD, el servicio secreto soviético, era que los códigos navales aliados habían sido descifrados por la Abwehr y entre otras cosas habían averiguado la celebración de la conferencia de Teherán. La oportunidad parecía presentarse clara. Irán tenía todavía decenas de agentes alemanes, conocían el país y tenían buenos contactos y la oportunidad de acabar de un plumazo con los tres máximos dirigentes enemigos era única. Así pues, en el cuartel general de la Abwehr se organizó lo que se llamó Operación Gran Salto (Weitsprung en alemán) que no era otra cosa que una operación de comando con el fin de eliminar a los tres mandatarios. Que los alemanes conocían la celebración de la Conferencia es algo que es casi seguro, con las salvedades habituales en los asuntos secretos, pero que en realidad existiera la Operación Gran Salto ya es otra cuestión. Según las fuentes soviéticas, uno de sus agentes encubiertos destacado en Irán, Nikolai Kuznetsov, había entablado amistad con el SS Sturmbannführer Paul Siebert que en una noche de borrachera había presumido de «repetir el salto de los Abruzos». Siebert, o al menos eso afirmaron los soviéticos, hacía referencia a la Operación Gran Sasso que había tenido lugar unas semanas antes en las que un comando de paracaidistas de la Luftwaffe y algunos oficiales de las Waffen-SS, entre ellos Otto Skorzeny, habían liberado a Benito Mussolini de su arresto enel Hotel Campo Imperatore en los Alpes italianos. El trabajo de contraespionaje de Kuznetsov evitó así un atentado que podía haber acabado con la vida de Stalin, Churchill y Roosevelt, o como se dijo posteriormente, sólo con la de los dos primeros pues a Roosevelt le hubieran secuestrado para negociar con Estados Unidos. Según esta versión el NKVD había localizado a un primer comando alemán llegado a la ciudad iraní de Quom y aquello había desbaratado definitivamente la operación. Otra versión, menos dramática, afirma que toda esa supuesta operación fue un montaje propagandístico de los soviéticos para ganarse la confianza y la deuda de americanos y británicos. Avalando esta teoría está el hecho de que los supuestos protagonistas del *affaire*, el alemán y el ruso, eran destacados personajes que parecían haber sido escogidos en un casting. Por un lado, Skorzeny, el SS, se había adjudicado la operación del Gran Sasso cuando en realidad había sido obra de los paracaidistas mandados por el comandante Harald Mors y el teniente Otto von Berlepsch, pero él se había llevado la fama y los laureles. Por otro lado, Kuznetsov, el agente ruso, era un héroe que se había destacado en operaciones secretas en Ucrania. Uno y otro daban lustre a una operación de gran envergadura bloqueada a tiempo por el servicio secreto soviético. Para embrollar más el asunto está el hecho de que, al parecer, la Abwehr no fue quien organizó la Operación, sino que fue obra de las SS, en concreto de Ernst Kaltenbrunner jefe del RSHA, la Oficina de Seguridad del Reich, siempre enfrentada a los servicios secretos del Ejército.

Lo que pudo haber sido
En apoyo de la veracidad de la historia está la confesión de Guevork Vartanian, armenio, agente del NKVD y el principal responsable del fracaso del atentado. Vartanian era un joven de 19 años con una sólida formación en los servicios secretos, algo que le venía de tradición familiar pues su padre también había sido agente. Ya en 1940, con sólo 16 años, había iniciado su carrera reclutando agentes en Irán hasta que se le asignó la tarea de proteger la Conferencia. Según sus confesiones fue él, Vartanian y su equipo de agentes los que descubrieron al primer comando alemán enviado a Quom, esencialmente operadores de radio. «Nuestro grupo fue el primero en detectar un grupo de agentes alemanes que se desembarcaron cerca de la ciu-

dad de Quom, a 60 kilómetros de Teherán». Dijo Vartanian en una entrevista en 2002, «Se componía de seis paracaidistas radiotelegrafistas. Acompañamos este grupo hasta Teherán donde la estación de inteligencia nazi le había preparado una finca como residencia. Tenían muchas armas, y todos los bultos los cargaron sobre camellos. Todo el grupo se mantenía bajo nuestra vigilancia. Supimos que habían establecido comunicación con Berlín e interceptamos todos sus mensajes. Logramos descifrarlos, y supimos que los alemanes se proponían enviar otro grupo de comandos encargados de eliminar o secuestrar al Trío. Este grupo debía estar al mando del propio Otto Skorzeny que ya había estado en Teherán y analizaba la situación sobre el terreno. Ya entonces vigilábamos todos sus desplazamientos en la capital iraní».

A raíz de la detención, los soviéticos utilizaron al equipo de radiotelegrafistas. «Detuvimos a todos los agentes del primer grupo y los obligamos a trabajar bajo nuestro control, enviando mensajes falsos al servicio de inteligencia alemán. Teníamos la gran tentación de atrapar al propio Skorzeny pero el «Gran Trío» ya se encontraba en Teherán y, por lo tanto, no podíamos permitirnos correr mucho riesgo. Dimos

Los tres líderes aliados: Stalin, Franklin D. Roosevelt y Winston Churchill reunidos en la Conferencia de Teherán.

deliberadamente al radiotelegrafista la posibilidad de enviar un mensaje sobre el fracaso de la operación. Ello surtió efecto, y los alemanes renunciaron a enviar a Teherán el grupo principal con Skorzeny al mando. De modo que el éxito de nuestro colectivo en detectar el primer grupo de sabotaje, acompañar y detenerlos e intercambiar mensajes falsos con la Abwehr previno el atentado contra el "Gran Trío"».

En Berlín la operación fue desestimada y Skorzeny no llegó a viajar a Irán. No fue hasta 1966 en que Otto Skorzeny explicó que efectivamente la operación había existido, pero en sus memorias, publicadas años antes, no se hace mención alguna de un acontecimiento tan destacado.

Operación Radetzky

El día 2 de abril de 1945, dos soldados de la Wehrmacht, el sargento Ferdinand Käs y el cabo Johann Reif, austriacos, hicieron un viaje que pudo haber sido el último de su vida. Ese día, salieron de la ciudad de Viena, donde ambos estaban destinados y se dirigieron hacia el sur, a la localidad de Hochwolkersdorf situada unos 80 kilómetros de la capital donde se encontraba el cuartel general del Tercer Frente Ucraniano del Ejército Rojo. La misión de ambos soldados venía avalada por el mayor Carl Szokolly y consistía nada menos que en una entrevista con el comandante soviético, mariscal Fiódor Tolbujin. Carl Szokoll y los dos soldados bajo su mando pertenecían a la red de resistencia antinazi dentro del Ejército y su intención era negociar con el mariscal Tolbujin la rendición de Viena ahorrando a los vieneses y a los soldados de uno y otro bando las consecuencias de una resistencia inútil. El mayor Szokoll, miembro de la resistencia antinazi prácticamente desde el principio de la guerra, había tomado la decisión de declarar a Viena «ciudad abierta» después de recibir la orden de Hitler llamada Orden Nerón por la que debían resistir hasta el último hombre y de paso arrasar la ciudad por completo antes de que entrara el Ejército Rojo. La Orden Nerón preveía destruir estaciones de ferrocarril, puentes, material de transporte, depósitos de petróleo, instalaciones y redes eléctricas y de gas e incluso los centros de distribución de alimentos. El principal grupo de la resistencia austriaca contra Hitler y el Partido Nazi era el conocido como «05», formado por todo lo que quedaba de católicos, comunistas, demócratas y demás grupos e ideologías contrarias al nacionalsocialismo. Aunque sus principales dirigentes eran personalidades conservadoras como Wilhelm Thurn und Taxis o Fritz Molden (relacionado con la OSS norteamericana) los soviéticos la veían con buenos ojos por la participación de muchos militantes comunistas perseguidos por los nazis. En las semanas finales de la guerra, se planteó la colaboración de 05 con el grupo de militares resistentes comandados por Szokoll, aunque no sin ciertas reticencias. En las memorias deJohannes Eidlitz, activista de 05, se puede leer: «Entonces Szokoll fue directo al grano, aún le veo apareciendo de repente de la nada y diciendo que sólo hablaría con los representantes del O5. Nosotros le dijimos, somos el O5. [...] Él solo estaba dispuesto a comprometerse con el O5, a tratar con el O5. Le preguntamos si era capaz de decirnos qué era el O5. ´La organización de resistencia austriaca´, nos respondió. Hasta entonces habíamos creído que éramos nosotros. [...] Sabíamos que ellos sólo querían al O5, pero no encontramos a ninguno. Por eso simplemente le dijimos: ´Somos el O5. Somos el comité de los siete que lidera el O5´». Los dos grupos decidieron colaborar y un miembro destacado del 05, el ex cancilleraustriaco Karl Renner, desplazado por los nazis, también se entrevistó con el mariscal soviético, un par de días más tarde, el 4 de abril, para ofrecer a Stalin una «refundación» de Austria fuera de la órbita alemana a cambio de respetar Viena.

Un plan que no llegó a buen fin
El plan de Szokoll, al Operación Radetzky, consistía esencialmente en evitar que los SS destruyeran los puentes de acceso a Viena y en facilitar el acceso de los soviéticos, se harían con el control de cuarteles y comisarías y al mismo tiempo ocuparían la emisora de radio Bisamberg desde la que emitirían una proclama a la población para que no ofreciera resistencia. A cambio, el mariscal Tolbujin se comprometía a no bombardear la ciudad. El día 4, los dos enviados estaban de regreso a Viena alcanzado el acuerdo, pero la Gestapo ya estaba al tanto de la Operación Radeztky aunque al parecer no

conocían los detalles. El caso es que el mismo día 4 eran detenido el mayor Karl Biedermann, jefe de la defensa de Viena y llegado el momento, el oficial responsable de la emisora se resistió al intento de utilizarla. Poco después eran detenidos dos oficiales más, el capitán Alfred Huth y el teniente Rudolf Raschke, los primeros de una serie de detenciones y de ahorcamientos sin juicio. El artífice de la liquidación de los opositores fue el Gobernador del Reich y Gauleiter de Viena, Baldur von Schirach, un eminente nazi de primera hora que se había negado tajantemente a cualquier acuerdo con los soviéticos a pesar de que la guerra estaba absolutamente perdida. Tras la caída de los conjurados, Szokoll fue advertido a tiempo y pudo huir hasta las líneas soviéticas donde informó del fracaso de la operación. El 5 de abril, el Ejército Rojo inició el asalto de la ciudad ya sitiada. A pesar de la resistencia, en pocos días los rusos se hicieron con el control de Viena con el resultado de más de 20.000 muertos, pero la ciudad no llego a sufrir los daños que había sufrido Berlín o Budapest.

Szokoll, el protagonista

El principal protagonista de la Operación Radetzky fue sin duda el mayor Carl Szokoll, uno de esos personajes de los que llama la atención toda su vida y el hecho, casi increíble, de que la conservara hasta 2004. Szokoll nació en Viena en octubre de 1915, en plena guerra, hijo de un cabo del Ejército austriaco que pasó largos años prisionero en Rusia. De su infancia sólo queda el recuerdo de grandes penurias y dificultades económicas pero sus brillantes notas como estudiante hicieron que en 1934 fuera admitido en la Academia Militar. Mientras estudiaba conoció a una joven llamada Christl Kukula, hija de un industrial vienés casado con una mujer judía. Tras la anexión de Austria a Alemania, las leyes raciales dictadas por los nazis prohibían taxativamente las relaciones entre judíos y «arios» por lo que no podían casarse y mantuvieron su relación en secreto. Aquel hecho y la mala impresión que le causó Hitler cuando le vio por primera vez en Brno, en 1939, le hicieron crear poco a poco animadversión al régimen nazi. De aquel encuentro escribió años más tarde: «No sentía como si estuviera en presencia del Mesías, era el poder del mal». En el momento en que se produjo el Anschuls, Szokoll formaba parte

Soldados soviéticos y búlgaros desfilando por las calles de Viena
en abril de 1945.

de un regimiento acorazado de élite, pero su relación con Christl fue
vista por los nuevos amos nazis como un hándicap y se le relegó a una
unidad de infantería. Después de un paso sin pena ni gloria por las
campañas de Polonia y Francia fue relegado a un puesto administra-
tivo en Viena. Desde su regreso a la capital austriaca fue creciendo su
animadversión al régimen y en 1943 conoció al coronel Klaus Schenk
von Stauffenberg, el hombre que un año después colocaría la bomba
contra Hitler en la Guarida del Lobo, en Rastenburg. Probablemente
fue a partir de ese momento que Szokoll entró a formar parte de la
resistencia contra el nazismo en el Ejército. El día del atentado, 20
de julio de 1944, Szokoll y Heinrich Kodré, jefe del Estado Mayor de
la Wehrmacht en Viena, ambos comprometidos en el atentado, concentraron a la plana mayor de la Gestapo y de las SS en Viena, desarmados y sin que sospecharan nada. La llamada de Stauffenberg,
anunciando que había fracasado el atentado, hizo que liberara sin
más a los retenidos, se las ingenió para convencer a la Gestapo que él
sólo cumplía órdenes y se libró de la terrible represión posterior. Sal-
vado por los pelos se dedicó entonces a organizar la red de resistencia

dentro del Ejército con el objetivo de salvar a Viena de la destrucción, algo que no consiguió la Operación Radetzky pero que los soviéticos no consideraron necesario pues la resistencia de la Wehrmacht no fue tan suicida como la de Berlín.

Tras la retirada de la Wehrmacht de Viena, Szokoll ejerció como administrador de la ciudad hasta la ocupación efectiva por parte del Ejército Rojo, pero las nuevas autoridades soviéticas fueron menos amistosas que el mariscal Tolbujin. El general Blagodatow, comandante ruso en Viena y el líder comunista repatriado Ernst Fischer le acusaron en un primer momento de ser un espía al servicio de los norteamericanos. Tras su paso por la cárcel, fue rehabilitado por el nuevo Gobierno austriaco, dejó el ejército y se dedicó a la producción y dirección cinematográfica donde destacó como el descubridor de la actriz Maria Schell y falleció en agosto de 2004 a la edad de 88 años.

Von Schirach, coprotagonista

El hombre que, teóricamente, debía dirigir la defensa de Viena frente al Ejército Rojo era también un personaje controvertido. Baldur von Schirach fue gobernador (Gauleiter según la terminología nazi) de la ciudad austriaca desde 1940 hasta el final de la guerra y como tal se encargó de organizar la defensa siguiendo las órdenes de Hitler. Había nacido en Berlín, en mayo de 1907 en el seno de una familia de militares prusianos, aunque su madre era norteamericana. En 1925, con sólo 18 años se afilió al NSDAP, el Partido Nazi convirtiéndose rápidamente en uno de los preferidos de Hitler que le nombró presidente de la Unión Estudiantil Nacionalsocialista y en 1931 líder de la juventud. Dos años después, en 1933, fue nombrado jefe de las Juventudes Hitlerianas, la organización creada en 1926, sustituyendo a Franz von Pfeffer. En 1940 dejó sus cargos y se alistó en el Ejército, pero Hitler le reclamó de nuevo para seguir con la labor de adoctrinamiento de la juventud. Poco después todo se torció a causa de su tibieza contra los judíos y a los comentarios de su esposa, Henriette Hoffman, en una cena en Obersalzberg, sobre el tratamiento que se les estaba dando, injusto según ella. Hitler lo eliminó de su círculo íntimo, lo sustituyó al frente de las Juventudes Hitlerianas y lo envió a Viena como Gauleiter. De su actitud en Viena ante la llegada inminente del Ejército Rojo no hay constancia fehaciente. Es posible que recibiera la oferta por parte de la organización «05» de rendir la ciudad pactando con los rusos. De lo que sí queda constancia es que hubo intentos de que el «mando» de la ciudad aceptara la rendición y de que Von Schirach organizó la defensa, siempre fiel al Führer aunque no siguió sus instrucciones sobre la Orden Nerón, aunque no está claro si fue Von Schirach quien la bloqueó o los militares encargados de llevarla a cabo. De cualquier modo, Viena se salvó de la destrucción total. Von Schirach se ocultó al acabar la guerra y lo que sucedió posteriormente depende de la fuente de la información. Para algunos, fue localizado y detenido por los norteamericanos que le llevaron al Tribunal de Nürenberg; para otros fue él quien se entregó voluntariamente. En el Tribunal que le condenó a veinte años de cárcel por sus acciones contra los judíos vieneses fue uno de los pocos acusados que se mostró arrepentido y tuvo palabras contra las acciones del Führer Adolf Hitler. Para otros fue sólo un modo de defenderse de las acusaciones. Cumplió diez años de condena y murió en 1974.

La llamada Operación Valquiria

El día 22 de julio de 1944 tuvo lugar en el memorial de Tannenberg, cerca de la localidad de Hohenstein, en Prusia Oriental, un gran acto funerario, uno de esos espectáculos militarizados, llenos de banderas y de himnos a los que tan aficionados eran los nazis. Presidido por el Mariscal Hermann Goering tuvo lugar la ceremonia funeral por el general Günther Korten, una de las cuatro víctimas mortales del atentado que dos días antes, el 20 de julio, había tenido lugar en la Wolfsschanze, el Refugio del Lobo, cerca de Rastenburg. Las crónicas del más espectacular atentado contra Adolf Hitler han destacado siempre a sus autores, en especial al conde Klaus Schenk von Stauffenberg y a algunos de los más insignes generales alemanes como Von Kluge, Ludwig Beck, Henning Von Tresckow o Wilhelm Canaris, todos ellos asesinados después, pero pocas veces se han parado a analizar a los cuatro fallecido en un atentado que, de modo casi milagroso, dejó vivo al Führer y trastocó todos los planes de los autores. Se podría decir que la llamada «OperaciónValquiria» fue la más catastrófica «misión imposible» de la guerra en la que el objetivo, la eliminación física de Adolf Hitler y el consiguiente golpe de Estado se quedó en nada y en una violenta represión que «nazificó» por completo al Ejército alemán y precipitó al país en el desastre.

Günther Korten, Heinz Berger, Heinz Brandt y Rudolf Schmundt fallecieron a causa de la explosión y otros veinte hombres resultaron heridos de diversa consideración, entre ellos Adolf Hitler y también su guardaespaldas y hombre de confianza, Otto Günsche, que estaría junto a él hasta su suicidio en Berlín y sería el encargado de quemar su cadáver. Además de la escasa atención a los fallecidos de aquel día, 20 de julio de 1944, habría que señalar dos cuestiones también poco analizadas; de un lado el hecho de que únicamente Korten, segundo jefe de la Luftwaffe, fue enterrado en el memorial de Tannenberg y por otro, el hecho poco conocido de que la Operación Walkiria no era la eliminación de Adolf Hitler como siempre se ha creído, sino que se trataba de una acción, prevista y aprobada por el mismo Hitler y que era un plan de emergencia para el caso de que el territorio alemán fuera invadido o para bloquear una posible rebelión dentro del territorio, en especial de los millones de trabajadores extranjeros utilizados como esclavos.

La Operación Valquiria tenía como misión la eliminación física de Adolf Hitler y el consiguiente golpe de Estado.

La verdadera Operación Valquiria

El plan de defensa llamado Operación Valquiria, una auténtica movilización, casi un golpe de Estado, fue ideada en 1941, al mismo
tiempo que la Operación Barbarroja, la invasión de la Unión Soviética, y en ella se preveía la utilización del Ejército de Reserva, una importante fuerza militar basada en el territorio alemán y con un mando autónomo. Fue posteriormente cuando se especificó también que
la Operación podría ponerse en marcha para cualquier contingencia
interior, como podía ser un levantamiento de trabajadores esclavos o
prisioneros de guerra que se contaban por millones o un bombardeo
intensivo de las ciudades con un caos que hicieran necesario que el
Ejército tomara el control. El llamado Ejército de Reserva o Ejército
de Reemplazo, estaba mandado desde 1939 por el general Friedrich
Fromm y formado por seis cuerpos de Ejército, unos 300.000 soldados y controlaba desde los centros de instrucción a los depósitos de
material o las oficinas. El plan original de Valquiria era el despliegue
de esta fuerza tomando los puntos sensibles de Berlín, incluida la
Cancillería y los ministerios, y de las principales ciudades, sustituyendo al poder civil. En julio de 1944, cuando los conspiradores se
pusieron en marcha, el poder en Alemania, civil, lo ejercía a todos los
efectos el NSDAP, al Partido Nazi, con sus gauleiter (gobernadores)
al frente y la Gestapo, integrada en la RSHA, la Oficina de Seguridad
del Reich, controlada por las SS. También en el interior de Alemania
seguían en activo las Allgemein-SS, la fuerza de orden interno bajo
el mando directo de Heinrich Himmler, diferente de las Waffen-SS
que luchaban en el frente. Al diseñar el atentado y el golpe contra
Adolf Hitler y su gobierno, los conjurados, dirigidos por Henning
Von Tresckow, se encontraron con que Claus von Stauffenberg había sido incluido en el Estado Mayor del Ejército de Reserva por lo
que inmediatamente, la organización que conspiraba contra Hitler
decidió que era una buena idea ejecutar la Operación Valquiria con-
venientemente adaptada. A tal fin se fueron preparando las órdenes
oportunas, modificando las existentes, y contactando con los elementos necesarios. Tal era el caso del general Friedrich Fromm, comandante del Ejército de Reserva, pieza fundamental que inicialmente
estaba de acuerdo con la acción. Tal y como quedó diseñada la nueva

Operación Valquiria, nada más conocerse la eliminación del Führer, e incluso si fallaba, los soldados ya acuartelados y preparados saldrían para ocupar las dependencias oficiales y detener y desarmar a las SS y a la Gestapo. Otro personaje clave en el golpe era el jefe de la Abwehr, el servicio secreto del Ejército, el almirante Wilhelm Canaris, quien advirtió que Ernst Kaltenbrunner, jefe de la RSHA, estaba al tanto del intento de golpe. El fracaso de la Operación Valquiria es suficientemente conocido, por un lado la milagrosa salvación del Führer en la explosión y por otro la defección en el último momento del general Fromm que se negó a dar la orden de acción al Ejército de Reserva.

Los ausentes de Tannenberg

¿Por qué no fueron enterrados en Tannenberg el resto de fallecidos en el atentado? Hay explicaciones para ello desde luego. Tal vez todo se reduzca al resentimiento de Adolf Hitler con los altos mandos del Ejército (de hecho, no asistió al funeral en Tannenberg) y que únicamente la voluntad de Goering hizo que su segundo, Kartan, general de la Luftwaffe, fuera enterrado con todos los honores. En el caso de Heinz Brandt, fallecido al día siguiente a causa de las heridas, se da la circunstancia de que había sido utilizado meses antes por Von Tresckow para llevar la botella-bomba que debía estallar en el avión que llevaba a Hitler. Ese hecho, involuntario al parecer, ha hecho pensar que tal vez Brandt estaba al tanto del intento de asesinato del Führer, algo improbable sobre todo teniendo en cuenta que Brandt estaba en el interior de la sala donde estalló la bomba, mientas Von Stauffenberg la había abandonado. La ausencia de Rudolf Schmundt no parece especialmente relevante; edecán militar de Hitler desde 1938 se había barajado incluso su nombre como sucesor del Führer, tal era su fidelidad absoluta. Schmundt recibió graves heridas en el atentado y aunque parecía que podía superarlas murió en el hospital el 1 de julio. Sus allegados y los altos mandos de la Wehrmacht prefirieron enterrarlo en el cementerio militar Invalidenfriedhof de Berlín en una ceremonia más discreta que la organizada por Goering.

El cuarto fallecido, Heinz (o Heinrich) Berger no era militar; se trataba del estenógrafo (o taquígrafo) encargado de transcribir la reunión. El hecho de ser un civil justifica que no fuera enterrado en Tannenberg, pero con Berger hay algo más. En las memorias de Leopold Trepper, el jefe de la conocida como «Orquesta Roja», la red de espionaje soviética en al Tercer Reich, se habla del «taquígrafo» miembro de la red[23], cercano al Führer, y que fue un elemento fundamental en la derrota de la Wehrmacht frente a Moscú. Trepper habla varias veces de este taquígrafo, como elemento fundamental en la red soviética, pero nunca da su nombre. Berger es el único taquígrafo que se conoce cercano a Hitler y a su Cuartel General, pero nunca se ha podido confirmar que fuera el agente soviético.

Operación Roble

«Sería injusto negar a Skorzeny el mérito de haber desarrollado perfectamente su labor de espionaje y de haber recogido informaciones indispensables para llevar a su término la acción proyectada. Pero a esto se limita su contribución a todo el asunto. Desde el momento en que yo entré al despacho del general Student, la ejecución del plan fue confiada a un soldado —a mí— y por tanto se convirtió en una misión puramente militar. El servicio informativo de las SS habita agotado su misión. El desarrollo de la operación correspondía únicamente a la Wehrmacht»[24]. Tal fue literalmente el informe presentado por el coronel del cuerpo de paracaidistas de la Luftwaffe Harald Mors, el auténtico protagonista de la «extracción» de Benito Mussolini de su encierro en el Gran Sasso, la que se conoció como Operación Roble. El único error que comete Mors es adjudicar a Skorzeny la localización de Moussolini, algo que en realidad fue obra del Sturmbannführer Herbert Kappler, algo que Mors ignoraba.

La Operación Roble se inició el día 12 de septiembre de 1943, un día después de que las fuerzas alemanas en Italia finalizaran su control de la ciudad de Roma después de vencer la resistencia de los italianos,

23. Ver *Historias de la guerra secreta* del mismo autor. Ediciones Robinbook.

24. https://antirrevisionismo.wordpress.com/2007/09/14/skorzeny-ha-mentido-a-mussolini-lo-he-liberado-yo/

cuyos dirigentes acababan de firmar el armisticio con los aliados. El plan debía ponerse en marcha a las 7 de la mañana, pero un viento huracanado en la zona del Gran Sasso y algunas descoordinaciones en las fuerzas atacantes hicieron que todo se retrasara hasta pasado el mediodía. Al frente de la Operación estaba el general Kurt Student, jefe de Operaciones de los paracaidistas de la Luftwaffe quien dio la orden de enviar 12 planeadores el aeródromo de Pratica di Mare donde recogerían a la fuerza de asalto. Dicha fuerza la formaba la 1ª compañía de paracaidistas al mando del teniente Georg Freiherr von Berlepsch, en total 120 hombres armados con los nuevos fusiles de asalto Fallschirmjägergewehr FG 42. La Operación Roble había sido diseñada en todos sus detalles por el comandante Harald Mors, del cuerpo de paracaidistas y además de la fuerza aerotransportada contaba con dos compañías más, 260 hombres, que accederían por tierra al complejo donde se encontraba Mussolini, en el Hotel Campo Imperatore. El retraso de la llegada de los planeadores a Practica di Mare fue la causa principal de que el despegue de la fuerza atacante no se produjera hasta las 14 horas, pero hubo algo más. Cuando la operación ya estaba en marcha, se presentó en el aeródromo un equipo de oficiales de las SS al mando del coronel Otto Skorzeny con la orden directa del Führer de participar en la operación de rescate. Tras una conversación privada con Skorzeny, el general Student accedió a que un comando de 17 soldados de las Waffen-SS participaran en la operación, algo no previsto y que obligó a dejar en tierra el mismo número de paracaidistas que debían participar en ella. El acuerdo al que Student llegó, probablemente presionado por la orden del Führer, fue que los SS no participarían en el asalto, pero se ocuparían después de hacerse cargo de Mussolini y sacarlo del Gran Sasso bajo su custodia. Con Skorzeny venía un corresponsal de guerra, un fotógrafo y el general italiano de los carabinieri Fernandino Soletti en calidad de rehén para asegurar que los carabinieri que custodiaban a Mussolini no cumplirían la orden de asesinar al Duce en caso de que se intentara liberarlo, orden dada personalmente por el mariscal Badoglio. El único acceso al hotel era el teleférico situado en la localidad de Assergi, de ahí que la operación se realizara mediante planeadores, pero era absolutamente necesario contralar dicho teleférico y asegurar la salida del Duce una vez liberado. El plan preveía que en diez minutos la fuerza de asalto aerotransportada estaría en tierra al completo y operativa lista para enfrentarse a lo que se suponía fuerte resistencia de un centenar de carabinieri y una fuerza semejante de soldados italianos que custodiaban el Duce. Mientras la columna de Mors rompía la resistencia de los italianos en Assergi y tomaba el teleférico, el comando paracaidista y los SS de Skorzeny llegaban al hotel del Gran Sasso en medio de una situación caótica y en algunos momentos cómica. Los carabinieri absolutamente sorprendidos por la llegada de los paracaidistas y con ellos su general Soletti fueron incapaces de oponer ninguna resistencia, los SS no encontraban la entrada principal del hotel y accedieron a él por una entrada trasera, confundidos y buscando las habitaciones de Mussolini. Mientras, los paracaidistas del teniente Berlepsch cumplían su misión tomando posiciones, aunque no dispararon ni un tiro contra los italianos que se desentendieron de la custodia del Duce, de las órdenes de matarlo o de cualquier otra actitud hostil hacia los alemanes. Fue en aquel momento, cuando todavía Mors no había llegado al Hotel Campo Imperatore, cuando Otto Skorzeny se apropió del protagonismo de la operación, tomándose las fotografías que han llegado hasta nuestros días y adjudicándose el éxito de la Operación Roble. A las 14 horas y 17 minutos Mors, en Assergi, recibió el comunicado del teniente Berlepsch: «misión cumplida» y ascendió entonces por el teleférico para dirigir la operación de traslado de Mussolini. El transporte del Duce se decidió que se hiciera en una avioneta ligera, una Fi-156 Fieseler Storch con capacidad para un piloto y un pasajero. El pasajero, lógicamente, debía ser Benito Mussolini, pero llegado el momento del despegue, Otto Skorzeny insistió en viajar él también en el aparato. El piloto, capitán Heinrich Gerlach, se negó en redondo a sobrecargar la avioneta pero Skorzeny insistió exhibiendo sus galones y las órdenes recibidas de Hitler. Finalmente, Gerlach se plegó ante Skorzeny y la avioneta a punto estuvo de precipitarse al vacío en un despegue que pudo acabar en desastre con enormes dificultades para levantar vuelo. No obstante, consiguieron llegar a Pratica di Mare y ahí embarcar en un Heinkel 111 que llevó al Duce hasta Viena y de ahí a Munich donde la recibió Adolf Hitler.

Mussolini rodeado de paracaidistas y SS alemanes
a su llegada a Munich tras su liberación.

El papel de Skorzeny

A principios de septiembre de 1943, con la defección de Italia del Eje, el desembarco de los Aliados en Sicilia y el desastre de la Operación Ciudadela y la batalla de Kursk en el frente del Este, Adolf Hitler no podía estar pendiente de los detalles sobre la suerte de Benito Mussolini, pero cuando recibió la noticia de su detención encargó inmediatamente a Herman Goering que organizara el rescate del que era su fiel aliado. Los planes de Hitler eran más ambiciosos pues pensaba en revertir el golpe de Estado del mariscal Badoglio y recuperar el control de Italia, algo que encargó al mariscal Kesselring, pero mientras tanto no podía permitir que Mussolini acabara asesinado o en poder de los Aliados. De inmediato Goering encargó al general Student el rescate y éste lo encomendó al entonces mayor Harald Mors quien se encargó de elaborar el plan y llevarlo a cabo. ¿Qué hacía entonces Skorzeny en la Operación Roble? Al parecer todo nació de la pugna siempre existente entre Himmler y Goering. El Reichsführer de las SS no podía permitir que se le escapara una ocasión semejante de lucirse ante Hitler y pidió a Ernst Kaltenbrunner, su segundo en las SS que implementara el rescate de Mussolini por su cuenta o que las

José Luis Caballero

SS influyeran en él de alguna manera. Fue entonces Kaltenbrunner el que recomendó a Otto Skorzeny, un oscuro oficial SS especializado en operaciones encubiertas y lo bastante ambicioso como participar en algo así. A partir de ahí, la improvisación y las malas relaciones entre las SS, la Luftwaffe y la Abwher, el servicio secreto del Ejército, hicieron el resto. Skorzeny se introdujo del modo más imaginativo en la Operación Roble que nada tenía que ver con él haciendo creer a Student que venía directamente del entorno íntimo de Hitler. Skorzeny, de acuerdo con Joseph Goebbels, ministro de Propaganda, capitaneó más bien una operación publicitaria con fotógrafo, periodista y un relato falseado de cómo fue la operación en la que él aparecía como el héroe. La orden que el general Student dio a Mors es esclarecedora: «En virtud de su grado en las SS [capitán], no podemos poner a Skorzeny a las órdenes del teniente Von Berlepsch. Él participa en la acción sin ningún derecho de mando, y es a usted al que está directamente subordinado, como si dijéramos en calidad de consejero político». Toda la acción quedó así fotografiada y durante años quedó constancia de que había sido obra de Skorzeny hasta que Mors lo aclaró años después: «Sería absurdo creer la versión según la cual él había montado toda la operación. Por lo demás, el general Student se había guardado muy bien de confiar quinientos de sus mejores hombres a este desconocido».

El coronel Otto Rolf Skorzeny, nacido en Viena en junio de 1908, aparece con frecuencia cuando se habla de operaciones especiales e incluso de operaciones imposibles. La base de su fama está en la acción de rescate del Duce Benito Mussolini y a la postre se llevó todo el reconocimiento. Y de ahí su fama. Alineado con los nazis en su Austria natal desde primera hora, al estallar la guerra se alistó en las SS y posteriormente en las Waffen-SS, las fuerzas de choque. En 1941 pasó a formar parte de los Servicios de Inteligencia de las SS, el SD, especializándose en operaciones especiales. A partir de ahí su hoja de servicios permanece en la sombra hasta la operación en el Gran

Sasso aunque se supone que realizó algunasacciones de guerrilla y sabotaje. Tras el rescate de Mussolini sus andanzas entran
ya en la leyenda ayudado por los libros de los que es autor y
una decena de estudios sobre sus hazañas. Se instaló en España en 1948 después de pasar por el Tribunal de Nürenberg que
no le encontró culpable de ninguno de los cargos que se presentaron contra él. En España se supone que favoreció la huida de muchos nazis buscados como crminales de guerra y que
representaba a la organización ODESSA. En sus últimos años
se instaló en la ciudad mallorquina de Alcudia y fumador em-
pedernido, falleció de cáncer en julio de 1975 sin haber renun-
ciado nunca a su ideología nacionalsocialista.

El auténtico protagonista

Harald Mors había nacido en noviembre de 1910 en Alejandría, donde su padre ejercía de prefecto de la Gerdarmería del Jedive en un
país, Egipto, bajo protectorado británico. Al estallar la Primera Guerra Mundial, su madre, de nacionalidad suiza, consiguió que toda la
familia se pudiera trasladar a Lausana evitando así ser internados en
un campo y en 1922, volvieron a Alemania estableciéndose en Berlín.
El joven Harald, con solo 18 años, empezó a volar en planeadores y
poco después ingresó en el ejército y en la academia militar de Dres-
de. En 1934 era ya teniente en la que entonces se llamaba Lufthansa y
ocultaba a la fuerza aérea prohibida por el Tratado de Versalles. Con
Hitler ya en el poder, la Gestapo iba tras las huellas de su familia,
enemiga del Partido Nazi y ello dificultó la carrera militar de Harald
al que en 1940, ya en plena guerra, se le bloqueó su carrera como
piloto. Imposibilitado de volar se alistó en los paracaidistas con los
que destacó en la batalla de Creta y en el frente ruso. En 1943 fue
destinado a Italia con su unidad donde se haría cargo de la Operación Roble. Finalizada la guerra estuvo empleado un tiempo como
profesor de ballet (una habilidad que heredó de su madre) y en 1955
reingresó en el ejército, en la recién creada Bundeswher. Uno de sus
primeros destinos fue en el Comité de Inteligencia de la OTAN y se

licenció del Ejército en 1966 después de pasar una temporada como agregado militar en la Embajada alemana en Madrid. En el libro *La seconda guerra mondiale*, de Arrigo Petacco[25], Mors explica con detalle la Operación Roble y el fraude que supuso la intervención de Otto Skorzeny.

Otro de los protagonistas de aquella operación que pudo ser imposible, fue el teniente Georg Freiherr von Berlepsch, con el título de barón, hijo de una familia aristocrática prusiana. Él mandaba la unidad que aterrizó en planeadores en los alrededores del Hotel y quien dirigió la fase principal de la operación, neutralizando a los defensores italianos, pero el hecho de que Skorzeny tuviera una graduación superior, la de capitán, facilitó que éste asumiera el protagonismo.

25. Periodista, historiador y escritor especializado en la Segunda Guerra Mundial y el fascismo alemán e italiano.

Bibliografía

Arbois, Julien. *Histoires insolites de la Seconde Guerre Mondiale*. City Editions. 2014.

Beevor, Antony. *El día D. La batalla de Normadía*. Editorial Crítica. 2009.

Beevor, Antony. *La última apuesta de Hitler: Ardenas 1944*. Editorial Crítica. 2015.

Cardona, Pere; Clavero, Laureano. *El diario de Peter Brill*. DStoria Edicions. 2017.

Crawford, Steve; Ward, John. *Aviones, barcos y submarinos de la segunda guerra mundial*. Libsa. 2003.

Dixon, Norman F. *Sobre la psicología de la incompetencia militar*. Anagrama. 1976.

Frisch, Friedrich. *La agresión al Altmark*. Berlín, servicio alemán de información. 1940.

Guardia, Mike. *Russell, W. Volckmann American Guerrilla*. Casemate Publishers. 2010.

Hernández, Jesús. *Las cien mejores anécdotas de la Segunda Guerra Mundial*. Triángulo Escaleno Ediciones. 2003.

Hernández, Jesús. *Hechos insólitos de la Segunda Guerra Mundial*. Inédita Editores. 2005.

Kennedy, Paul. *Ingenieros de la victoria*. Penguin Random House. 2014.

Kerrigan, Michael. *Planes fracasados de la segunda guerra mundial*. Libsa, Cop. 2012.

Lormier, Dominique. *Légendes&Fadaises de la Seconde Guerre Mondiale*. Editions Jourdan 2016.

Prieto, Manuel J. *Operaciones especiales de la segunda guerra mundial*. Esferalibros. 2016.

Valode, Philippe; Arnaut, Robert. *Secret Defense*. First Editions. 2016.
Von Manstein, Erwin. *Victorias frustradas*. Altaya. 2008.
Willliams, Andrew. *La batalla del Atlántico*. Crítica Cop. 2007.

canalhistoria.es/programas/misiones-imposibles/
codenames.info/
hispanianova.rediris.es
ww2db.com/
forum.worldofwarships.eu/
www.alternatewars.com/WW2/Planned_Operations.htm
www.history.com/news/history-lists/5-attacks-on-u-s-soil-during-world-war-ii
www.sil.si.edu/smithsoniancontributions/AnnalsofFlight/pdf_lo/SAOF-0009.pdf
www.bbc.co.uk/history/worldwars
www.findmypast.com/
www.loc.gov/item/lcwa00098220
www.wikipedia.com
www.youtube.com